KB169206

THE
REFRIGERATED
HUMANITY

냉장고
인류

김하연 지음

THE
REFRIGERATED
HUMANITY

차가움의 연대기

글항아리

"당연시되는 것들의 연속에 무뎌지는 고마움."

_칼럼 댓글 중에서

우리 부부는 신혼이자 살림 초보다. 둘 다 경험이 부족해 이런 대화를 자주 나눈다.

"자기야, 달걀은 냉장고에 두나? 마트에서는 선반에 그냥 두던데."

"아니야, 냉장고에 달걀 넣는 칸 있잖아. 거기다 넣어."

"남은 고기는 어떻게 보관하지?"

"이건 유리그릇에 넣어?"

"파는 미리 썰어놔서 얼려놓고 필요할 때마다 꺼내서 쓰면 된대."

"키위는 냉장고에 넣지 마. 실온에 둬야 익지."

"남은 밥은 1인분씩 얼려뒀다가, 나중에 꺼내서 물을 한

수저 붓고 전자레인지에 돌려서 먹으면 편하고……."

궁금한 게 생길 때마다 우리는 서로를 믿지 못하고, 유튜브를 켜서 음식 보관법에 대해 하나하나 검색하면서 배운다. 누구 말이 맞나 확인하며 킥킥거리고 장난친다. 소꿉놀이처럼 재밌게 시간을 보내다가 문득 생각이 스쳤다. '냉장고가 없어지면 어떻게 될까? 갑자기 전기가 끊기면 어떻게 하지?' 이러한 생각은 멈출 줄 모른 채 과연 냉장고는 언제부터 부엌의 주인이 됐는지, 언제부터 주방 가전의 필수품으로 급부상했는지로 이어지며 끊임없이 궁금증을 일으켰다.

부엌을 디자인하는 류지현 작가는 냉장고를 새로운 조왕신의 등장이라고 했다. 냉장고에 대한 사람들의 신뢰가 그만큼 두텁다는 것을 빗대어 표현한 것이다. '냉장고 안에 보관한 음식은 영원할 것이다! 냉장고만 있으면 우리 가족의 식탁은 문제없을 것이다! 더 크고 더 좋은 냉장고가 더 나은 부엌을 만든다!'라는 믿음을 준다(냉장고에 넣어두면 만사 오케이).[1] 냉장고 없이 살 수 있긴 하나, 한번 써본 다음에는 냉장고 없이 살 수 없다.

내 아내도 결혼하면서 양문형 냉장고를 장만했다. 신혼집으로 어렵게 마련한 구식 아파트에 잘 어울리는지는 모르겠지만, 장모님의 사랑이 가득 담긴 최신형 냉장고였다(무려 838리터의 대용량이다). 최신형 냉장고와 함께라면 아내의 어깨도 한껏 올라간다. 요리에 익숙지 않아 부엌에 서면 한없이 작아지던 그녀의 뒷모습은 대형 냉장고 덕분이랄까 왠지 더는 초라해 보이지 않는다.

5

사실 냉장고라 불리는 물건의 성질과 기능에 대해서 관심을 둔 적이 없었던 나는 냉장고에 대해 그동안 너무 모르고 지내왔다. 언제부턴가 부엌의 주인이 되었지만 그건 '원래'부터 있었다고 생각했다. 내가 태어났을 때부터 집에 냉장고가 있었으니 당연할 수도 있다(이른바 냉장고 세대다). 반면 어머니가 어릴 적에는 냉장고가 없었다고 한다. 동네에 냉장고 있는 집이 많지 않아서 냉동고를 함께 나눠 쓰던 시절이었다. 1979년, 결혼하면서 지참금으로 시댁에 냉장고 한 대를 놔드렸다고 한다. 할머니 인생에서는 그게 처음 만난 냉장고였다.

　냉장고가 집에 들어오면서부터 우리 삶은 얼마나 변했을까. 냉장고의 발명은 식탁 위의 혁명을 가져다주었을까. 덩치만 컸지 소란스러운 데다가 속은 냉랭하기만 한 이 녀석은 어느 순간 우리 곁에 자연스럽게, 마치 꼭 필요한 존재처럼 다가왔다. 언제부터 인류와 친구가 됐는지 모르겠지만 지금은 없어서는 안 될 존재가 되어버렸다.

　우리는 무엇을 냉장고라 부르는가. 앞으로 전개될 이야기는 여러분이 관습적으로 받아들였던 바로 그 냉장고의 이야기가 아닐 수 있다. 우연한 기회로 『중앙일보』에 '냉장고 이야기' 칼럼을 연재하게 되었고, 내 글을 읽은 독자들은 대부분 비슷한 반응을 보였다.

　"냉장고로 이렇게 많은 이야기를 할 수 있다고?!"

　부엌, 음식, 건강, 환경, 사회 문제, 자본주의와 대량생산, 미래 식량 등 냉장고를 둘러싼 온갖 재미있는 이야기를 다루려고 노력했고, 이는 나만의 물건이 아닌 우리 모두의 냉장고이기 때문에 독자들에게 기대 이상의 피드백을 받았다. 그중 인상 깊었던 댓글은 각 장의 시작 부분에 소개했다.

칼럼 글은 전시 기획으로까지 이어졌다. 《냉장고 환상》이라고 이름 붙인 전시는 국립아시아문화전당에서 2021년 7월부터 9월까지 3개월간 개최됐다. 하나의 아이디어가 글과 전시 콘텐츠로 발전하는 환상적인 경험을 할 수 있었다. 그리고 분에 넘치는 사랑을 받은 전시는 이제 책으로 재탄생해 독자들을 찾아가게 되었다. 이 책에서 다루는 모든 주제는 여러분과 함께 고민해볼 문제라고 생각한다.

냉장고의 세계에 오신 것을 진심으로 환영한다.

2021년 11월
심효윤

7

차례

당신의 냉장고를 열어라!
Open your Fridge!

냉장고와 멀어지기
Stepping away from the Fridge

1장

거대한 냉장고
작아진 세계

Big Fridge Small World

"매번 더 커진 냉장고로 바꿨는데⋯⋯
매번 공간이 부족한 이유는 뭘까?
내 냉장고는 커져도 작아지는 요술 냉장고!"

칼럼 댓글 중에서

식탁 위의 혁명은
냉장고로부터

냉장고는 재미있는 가전제품이다. 부엌의 가전제품 대부분이 음식에 열을 가하면서 조리하는 데 반해 냉장고만 홀로 음식을 차갑게 만든다. 전자레인지, 가스레인지, 커피포트, 오븐, 에어프라이어 등 우리는 주로 발열 제품을 사용하여 요리한다.

부엌이라는 어원을 봐도 부엌은 불에서 비롯됐다. 부엌은 불을 의미하는 '블'과 다른 말이 결합하여 이루어졌다고 보는 게 학계의 중론이다.[1] 한국에서 전통 부엌은 음식을 조리하고 저장하기도 하며, 동시에 난방하는 공간이었다. 부엌 아궁이에서 불을 지피면 방의 구들까지 데워져 취사와 난방을 한 번에 해결할 수 있었다. 이렇게 불과 부엌은 서로 떼어 놓을 수 없는 존재였다.

하지만 유독 냉장고만 열과 불에 반대되었다. 냉장고의 변덕은 여기서 그치지 않는다. 기술이 발전할수록 제품의 크기와 부피는 줄어드는 게 당연한데 냉장고만 반대로 커졌다.

전라남도 나주 남파고택의 아궁이

에어컨, 정수기는 모두 작아지는데, 해가 갈수록 사람들은 대형 냉장고를 선호했다. 1965년에 출시된 국내 최초의 냉장고는 120리터에 불과했지만, 현재는 900리터 크기의 냉장고가 나왔다. 1990년대 말 600리터급 양문형 냉장고가 출시되면서 이후 10년 동안 시장을 주도해나갔으며(전체에서 차지한 비중이 74퍼센트에 이르렀다), 2010년 700리터급 냉장고가 나오자 이의 비중은 24퍼센트에서 92퍼센트까지 4배 정도 상승했다. 2011년 출시된 800리터급 대용량 양문형 냉장고는 3개월 만에 1만 대의 판매 기록을 올렸다.[2]

청개구리 같은 성격을 보여주는 냉장고는 사실 누구보

13

다 바쁘고 성실한 면을 지닌 반전 매력의 소유자다. 집에서 24시간 동안 꺼지지 않고 가동하는 유일한 제품이기 때문이다(그렇기에 소비전력을 낭비하는 주범이다). 냉장고가 상용화되기 시작했던 1980년대 초반에는 전기세 걱정으로 여름 한 철에만 냉장고를 가동하는 집이 많았다. 냉장고를 사계절 동안 사용하는 지금의 입장에서 보면 우습겠지만 말이다.

냉장고의 본기능은 식품을 오래 '보관'하기 위해 냉동 혹은 냉장하는 것이다. 식품 변질의 속도에 가장 큰 영향을 미치는 건 온도인데, 냉장고가 온도를 낮추면서 부패 속도를 지연시키는 것이다.

인류는 천연 얼음을 사용해서 음식을 보관하던 수준에서 기계로 얼음을 만드는 단계를 거쳐(인공 냉각 장치인 압축기를 이용해 인공 얼음을 만듦), 폭발하지 않는 안전한 냉매제를 찾았고, 20세기 초반에 드디어 가정용 냉장고를 개발했다. 근대 과학의 기술로 이뤄낸 인공 얼음의 발명은 장티푸스와 같은 각종 전염병에 노출되며 위생적이지 못했던 천연 얼음의 단점을 극복할 수 있었다. 비로소 식품을 안전하게 오랫동안 보관할 수 있게 된 것이다.

인류가 약 20만 년 전에 불 다루는 법을 배웠던 것과 비교하면, 얼음을 완전하게 지배한 역사가 불과 100년 정도밖에 되지 않는다는 건 놀라운 사실이다.[3] 온도를 올리기는 쉬웠지만 내리기는 결코 쉽지 않았다. 얼음을 자유롭게 다루고 나자 식탁 위의 혁명이 이루어졌다.

우리는 상큼한 동남아시아의 열대 과일, 신선한 노르웨

이산 생선, 청정지역 호주의 소고기가 우리 식탁까지 오르는 걸 당연하게 여긴다.[4] 고등어를 반찬으로 먹기 위해서는 섭씨 영하 25도에서 일하는 냉동고 작업자의 수고가 있어야 하고, 참치는 영하 60도에서 작업하는 하역사의 손을 거쳐야 하며, 유통 과정에서 영하 20도의 냉장창고에서 일하는 작업자들의 노동이 뒷받침되어야 한다는 사실은 잘 모른다.[5] 우리가 언제든 집에서 편하게 생선을 먹을 수 있는 것은 모두 이들의 고생 덕분이다. 극한의 추위에서 일하는 그들에게 '1분'은 무척 길 것이다. 냉동·냉장 기술과 같은 문명의 혜택으로 우리는 편리하게 생활하고 있지만, 늘 보이지 않는 곳에서 누군가가 자신의 육체를 담보 삼아 우리 일상을 유지시켜주고 있다.

우리는 이제 냉장고 안에 세계 각지에서 온 식품들을 보관하고 있다. 이러한 식품들이 제철에 나는 것이 아님을 소비자 모두가 알고 있으며, 이제는 어떤 것이 제철에 나는 것인지 아는 사람이 오히려 드물어졌다. 이러한 물류 혁신의 배경에는 냉장고의 탄생이 있다. 재료의 보관과 가공 처리, 유통에 이르는 과정에 냉각 기술이 사용되었다. 냉장고가 개발되면서 식품 산업의 발전으로 이어졌다. 냉동선, 냉동 열차, 냉동 트럭, 냉동 컨테이너 등이 등장했고, 냉장 식품을 대량으로 판매하는 슈퍼마켓, 대형 할인마트가 등장하기에 이르렀다.

인류의 냉각 기술에 관한 역사를 다룬 『냉장고의 탄생』에서 톰 잭슨은 글로벌 대기업의 저온유통 체계Cold Chain System를 덩굴에 빗대었다. 콜드체인은 수많은 마디와 줄기로 이루어진 덩굴로 지구를 촘촘히 둘러싸고 있다. 이 덩굴을 통해 농장과 어선에서 나오는 생산물을 식료품 가게의 냉장고까지 싱싱한 채로 배달할 수 있다. 가정집 냉장고는 냉장체인의 최종 단계인 끄트머리 덩굴손과 같다. 소비자의 집마다 냉장고가 보급되지 않았다면, 그래서 집에 식품을 보관할 수 없었다면 식품 산업은 지금처럼 발전할 수 없었을 것이다.

큼지막한 냉장고가 집으로 들어오자 사람들은 식재료를 계획 없이 과소비하기 시작했다. 뭐든 넣어둘 수 있는 만능 저장고이기 때문이다. 이 곳간은 탐욕을 부추기고 더 큰 공간을 원하도록 만들어 냉장고가 한 집에 두 대 이상으로 늘어난다. 이렇게 필요와 편리의 경계는 모호해진다.

우리는 식품을 '구매'하는 간단한 행위로 문제가 해결되는 편리성의 유혹에 노출되어 있다. 여기서 문제란 좁게 말하면 당장 오늘의 반찬거리를 고민하는 일부터 크게는 동물복지와 관련된 생명 윤리, 환경오염까지 확대될 수 있다. 때로는 유기농 식품을 사면서 안심하거나 동물복지나 환경보호에 일조했다며 자기 위안으로 삼기도 한다.

하지만 동물복지를 지켰다는 기업의 행위에도 함정은 여전히 존재하며, 이런 기업과 그 기업의 제품을 소비하는 이들은 윤리적인 소비를 했다는 (기분 좋은 감정을 느끼며) 자기 속임수에 빠질 가능성이 높다. 친환경과 동물복지 관련 상품은 기업 입장에서 보면 또 하나의 판매 전략이 된다. 좀더 고가에 상품을 판매할 수 있는 데다, 생태계 복원에 적극적으로 동참하라며 소비를 부추길 수 있다. 그렇다면 유기농 식품을 사고 동물복지를 실천하는 것은 사회적으로 손해가 더 클까? 우리는 누구에게 착한 소비자가 되는 걸까? 똑똑한 소비자가 되는 게 정말 가능하기는 한 걸까?

중요한 것은 이러한 시스템이 유일해서 벗어나기가 불가능해 보이고, 대체할 선택지도 마땅치 않다는 점이다. 이러한 맥락에서 냉장고를 관찰하는 것은 곧 지구를 지배하는 시스템의 문제이자, 전 세계를 규제하는 체제에 관한 탐구다. 나는 냉장고가 편리함 속에 감춰진 현대인의 습관과 욕망을 상징하는 물건이라고 생각한다. 따라서 전자제품의 개발에 따른 편리한 문명사회를 선택한 대가에 대한 기회비용으로, 사회와 환경에 얼마나 긍정적 혹은 부정적인 영향을 미쳤는가를 면밀하게 분석하는 작업을 시도하고자 한다.

온갖 세계를 담은
거대한 냉장고
Big Fridge Small World

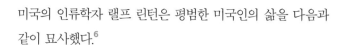

미국의 인류학자 랠프 린턴은 평범한 미국인의 삶을 다음과
같이 묘사했다.[6]

> 침대에서 잠을 깬다. 침대라는 가구는 근동 지역에서 최초로
> 만들어졌다. 인도에서 재배되기 시작한 면이나 근동에서 재배
> 되기 시작한 아마亞麻로 만든 요를 덮고 잤을 것이다. 인도에서
> 발명된 옷인 파자마를 벗고, 고대 갈리아족이 발명한 비누로
> 얼굴을 씻는다.
>
> (⋯) 아침을 먹으러 나가기 전에 창문을 내다볼지도 모른다. 창
> 은 이집트에서 발명된 것이다. 밖에 비가 내리면 중앙아메리카
> 인디언들이 발견한 고무로 만든 덧신을 신을 것이고, 동남아시
> 아 사람들이 발명한 우산을 쓸 것이다.
>
> (⋯) 아침 식사는 강철 그릇에 담겨 있는데 강철은 인도 남부
> 지방에서 처음 만들어진 금속이다. 그가 사용하는 포크는 중

세 이탈리아 사람들의 발명품이고 수저는 로마에서 사용하던 것을 변형한 것이다.

이 사람은 이제 겨우 아침 식사를 시작했을 뿐이다. 이런 식으로 그는 하루 종일 전 세계의 문화를 만난다. 잠자리에 들 무렵 종일 겪은 전 세계의 문명을 결산하면서 히브리족의 신인 하나님에게 인도유럽어로 기도할 것이다. 자신이 완전한 미국인이라는 허구적 사실에 감사하는 기도를……

우리는 모두 과거로부터 만들어진 역사의 산물에 둘러싸여 있다. 우리가 사용하는 건 대부분 다른 문명에서 왔다. 이제 우리 집 냉장고로 접근해본다. 먼저 냉동고 칸을 열었다. 스페인산 냉동 삼겹살, 노르웨이산 순살 고등어, 전북 군산 특산물 박대와 같은 육류·어류 식재료가 자리를 차지하고 있다. 스페인 요리인 감바스 알아히요를 만들려고 사놓은 베트남산 냉동새우도 보이고, 국내 대기업 제품인 냉동 돈가스도 고이 모셔져 있다. 이 돈가스로 말할 것 같으면, 무려 미국과 호주, 캐나다산 밀이 섞인 빵가루에, 말레이시아산 팜유로 만든 마가린과 국내산 돼지고기 뒷다리살, 중국산 두류 가공품, 마지막으로 미국산 모차렐라 치즈까지 혼합된 글로벌 합작품이다.

냉장고 야채칸에는 비교적 국내산 식재료가 많다. 전남 무안의 양파, 충남 태안의 다진마늘 등 채소는 대부분 국내산이다. 반면 과일은 항공 수송으로 들어온 글로벌 푸드가 많다. 그중에서도 필리핀산 바나나와 뉴질랜드산 키위, 미국

19

산 망고는 냉장고가 아닌 다용도실에 보관하고 있다.

아내가 사랑하는 초콜릿도 있다. 서아프리카에서 나는 코코아 콩, 카리브해에서 나는 설탕, 브라질산 커피, 미국산 오렌지, 에스파냐산 아몬드, 터키산 개암, 타히티섬에서 나는 바닐라가 혼합된 초콜릿이다. 크래커와 함께 즐기려고 야심차게 만든 후무스hummus, 중동 음식도 보인다. 미국산 병아리콩을 삶아 인도산 향신료인 커민 가루를 섞어서 만들었다.

음료로는 캐나다산 오트와 렌틸, 국내산 발아 현미와 백태, 페루산 퀴노아가 섞여 있는 두유가 있다. 바로 옆에는 오렌지 주스가 자리하고 있다. 미국산 오렌지 과즙 25퍼센트와 국내 제주도산 감귤 과즙 25퍼센트가 혼합된 음료다. 미국 캘리포니아와 애리조나주의 감귤 재배자 6000여 명으로 구성된 협동조합 브랜드 제품이다. '선키스트'는 현재 45개 이상의 국가에서 600여 종류의 제품에 쓰인다.

이렇게 냉장고 속에는 세계 각지에서 온 식품이 담겨 있다. 말 그대로 온갖 세계를 담은 거대한 냉장고Big Fridge Small World다. 늘 먹었던 것이 당연한 게 아니었다. 식탁을 봐도 온 세계이고, 어느 지역 한 곳만 아파도 전 세계가 고통받는 세상에 살고 있다. 중국 김치공장에서 한 남성이 알몸으로 배추를 절이는 비위생적인 영상이 SNS에 공개되면서 김치 수입량이 급감하거나 음식점 식탁에서는 김치가 사라지기도 했다. 일본 후쿠시마 앞바다에서 잡힌 생선에서는 세슘이 검출되면서 방사능 생선이 식탁에 오를 것이라는 공포가 전 세계로 확산되었다. 이렇듯 세계는 촘촘히 연결되고 더 좁아졌다는 걸 모두가 체감하고 있다. 이제 '코끼리'가 아니라 '지구'를 냉장고에 담을 수 있게 되었다.

스페인산 돼지고기, 브라질산 사탕수수로 만든 설탕, 중국산 고춧가루로 조리한 제육볶음과 러시아산 북어로 만든 북엇국으로 한 끼를 먹었다면, 오늘의 식사는 한국식 메뉴일까? 바다 건너온 식재료로 만든 요리가 과연 한국 음식일까? 전 국민이 사랑하는 짜장면을 중화요리라고 본다면, 요즘 세계가 열광하는 짜파구리는 한국 음식인가, 중국 음식인가. 음식의 세계를 접하면 접할수록 우리 것이 유일하고 필연적인 게 아님을 깨닫는다.

한국 음식을 해외 식재료로 만들 수 있고, 반대로 외국 요리에 국내산 식재료가 쓰일 수도 있다. 한국산 갯장어가 좋다고 일본에서는 샤브샤브湯引, 유비키를 해 먹으며, 한국산 배가 식감이 아삭하고 과즙이 풍부해서 샐러드 양념에 쓴다거나, 한국산 고춧가루와 고추장, 고소한 참기름을 애용하는 유럽 셰프들도 생겼다. 이 밖에 톳, 전복, 파프리카 등이 효자 수출품으로 알려져 있고, 웰빙푸드로 이름값하는 한국산 김은 유명해진 지 이미 오래다(면세점에서 외국 관광객들이 김을 한가득 실어 담는 장면을 흔히 볼 수 있다).

김 한 장 안 나는 타이에서는 한국의 마른 김을 수입해 '김스낵'을 만든다. 타이는 더운 날씨 탓에 김이 나지 않는데, 한국산 김에다가 '단짠맛'을 내는 각종 조미료를 첨가해 김스낵을 만드는 것이다. 세계적으로 유명세를 치르고 있어서, 타이로 놀러 간 한국 관광객이 도리어 김스낵을 사오는 재밌는

21

타이 맥주 회사 싱하가 만든 김스낵 브랜드 마시타Masita.
한국어 '맛있다'를 차용해 만든 김스낵으로,
주로 한류 스타를 광고 모델로 쓴다.

현상도 벌어진다.

전 세계의 식재료를 손쉽게 구매할 수 있는 세상이 되었
다. 하나의 식품이 완성되기까지 각지에서 온 재료들이 광범
위하게 섞여 복잡한 구조에서 생산된다. 기업은 이윤을 남기
는 게 가장 중요한데, 원가 절감을 위해 저렴한 재료를 얻는
과정에서 음식 사고가 발생하기도 한다. 또한 음식이 상품이
되고 기업이 밥상을 차려주면서, 소비자의 입맛과 기호에 맞
춰 음식 문화가 획일화되고 있다. 소비자의 건강을 고려하기
보다 잘 팔리는 인기 있는 음식만 만들기 때문이다. 앞으로
우리가 선택할 수 있는 메뉴는 한정될 것이다.

전 지구를 무대로 대량생산하고, 효율적으로 가공하고,
빠르게 유통시키고, 합리적인 가격으로 소비하는 세계 식량
체계Global Food System가 갖춰졌지만, 음식이 상품화되면서 역
효과도 발생했다. 공장식 축사의 대량 분뇨와 함께 암모니아

가 배출되어 미세먼지를 유발하는데, 한편에서는 미세먼지에 좋다며 삼겹살을 찾는 현상이 벌어진다.[7]

이처럼 복잡한 생산 구조에서 발생하는 환경오염 문제와 식품안전사고, 식품 생산자로부터 단절된 정보(원산지, 생산 방식, 이산화탄소 배출량, 유전자 변형 등)를 소비자 개인이 파악할 수 있을까? 글로벌 기업의 제품에서 사고가 일어나면 어떻게 대처해야 하는지, 소비자들끼리 어떻게 연대하고 현명하게 활동해야 하는지, 당장 먹고사는 중요한 문제인데 학교에서는 이런 교육을 하고 있을까? 냉장고 덕분에 전 세계를 얻었지만, 우리의 건강을 잃어버린다면 무슨 소용이 있을까.

이것은 냉장고가 아니다
Ceci n'est pas un refrigerateur

나는 어렸을 때 미술 시간을 썩 좋아하지 않았다. 일단 그림 그리는 게 재미없었고, 소질도 없었으며, 또 과일은 왜 그렇게 자주 그리는지 이해할 수 없었다. 내게 아무도 그 이유를 설명해주지 않았다. 그 누군가 사물의 본질적인 구조, 더 나아가 배치와 배열, 구도를 이해한다거나 묘사의 기초적인 작업이 정물화라는 것을 설명해줬다고 한들 어린 내 관심을 끌기에는 충분치 않았으리라. 아마도 난 더 도망쳤을 것이다. 만약 미술 선생님이 정물화에 과일을 그리기 시작한 배경에 대해서 알려줬다면 어땠을까. 어린 나의 호기심을 충족시켜주었을까.

17세기 무렵 네덜란드를 시작으로 유럽에서는 사실주의적 정물화가 전성기를 맞이했다. 식민지를 찾아 나선 유럽은 해상무역을 통해 막대한 부를 축적했고, 신흥 세력인 부르주아가 등장했다. 재력을 과시하고 싶었던 그들은 호화롭고 사치스러운 생활에 대한 그림을 작가들에게 의뢰했다. 주로 집 안의 부엌과 식탁을 배경으로 한 그림이었는데, 튤립과 같은 진귀한 꽃, 레몬과 파인애플 같은 귀한 과일, 해안 지역에서 나 구경할 수 있었던 바닷가재와 석화 같은 해산물, 그리고 그것을 담은 값비싼 식기가 등장한다. 지금에야 그런 과일이 무슨 대수냐고 여기겠지만 당시에는 쉽게 구할 수 없는 고가 에 거래되는 사치품이었다. 튤립은 중앙아시아 톈산산맥이 원산지이고, 레몬은 히말라야에서, 파인애플은 아메리카 대 륙에서 들어왔다.

이러한 설명을 듣고 하나의 질문은 연쇄적 궁금증을 불 러일으켰을 것이다. '당시에는 왜 과일이 귀했을까? 열대 지 방의 과일은 당시 유럽에서는 먹을 수 없었겠구나! 맞아, 냉 장고도 없었겠지? 그렇다면 큰 배에는 얼음을 가득 실은 창 고가 있었을 거야. 틀림없이 거기서 과일을 보관했겠지……'.

정물화 still life 는 '정지된 생명' 또는 '죽은 자연'이라는 의 미를 담고 있다. 움직이지 않는 사물과 생명이 없는 자연을 모아놓고 그린 그림을 말한다. 작품을 의뢰한 부르주아들은 그림 속에서 세속적인 즐거움이나 부를 과시하길 바랐지 만, 사실 작가들은 물질적 풍요로움을 그리면서도 인생의 무 넘무상과 허무, 그리고 우리 인생에서 벗어날 수 없는 죽음을 떠올리게 했다.

부유한 사람이라 한들 죽음이 코앞에 닥친다면 다 부질 없는 것 아닌가. 영원은 결코 없다. 죽음은 불가피하다. 진귀 한 과일이나 해산물도 모두 상하기 마련이다. 어쩌면 예술가

25

들은 작품을 통해서 검소한 삶의 메시지를 전했는지도 모른다. 아름다움만을 추구하는 것은 허망할 수 있다. 아름다움의 궁극적인 결말은 죽음일 뿐이다.

이러한 고전적인 정물화를 현대적으로 재해석한 아티스트 그룹이 있다. 스페인에서 팀으로 활동하는 콰트레 캅스 Quatre Caps다. 그들은 식재료 상품이 필요 이상으로 과대 포장되는 상황에 주목했다. 합성 물질로 두세 번씩 포장되어 판매대에 오르는 수천 개의 상품을 보고, 단순히 편리한 소비를 위해 비닐 포장으로 대체하고 있는 현실을 비판하고자 '낫 롱거 라이프Not Longer Life'라는 프로젝트를 추진했다. 모네 (1840~1926)와 카라바조(1571~1610) 같은 거장들의 작품 구성과 배치를 그대로 적용하지만, 과일 대신 대형 마트에서 판매하는 포장된 식품이나 가공식품으로 대체했다. 정물靜物의 정의를 '포장물'이라는 다른 수준으로 바꿔놓았다.

마트에서 깨끗하게 패킹된 상품을 보며 우리는 현대사회가 진보했다고 믿을 수 있다. 관광차 저개발 국가나 지방의 재래시장에 들렀다가, 생선 위에 앉은 파리와 달콤한 과일 위에 붙은 벌레들을 본 사람은 속으로 생각했을 것이다. '저기서 어떻게 식재료를 사지?' 그러면서 대형 마트에서 깨끗하고 편리하게 상품을 구매할 수 있는 당신의 호사스러운 현실에 감사할 것이다.

하지만 지금의 생산-유통-소비 체계가 정말 이상적인 구조일까. 우리에게 편리하다고 해서 위대한 자연의 순환 구조를 무시하지는 않았을까. 인간이 결국 자신이 만든 도구(냉장고)로 유토피아를 실현하고 싶었던 욕심일 수도 있다.

생각이 여기까지 미치니 성경 구절을 활용해 냉장고를 표현한 작품이 떠오른다. 컴퓨터공학을 전공해 데이터를 다양한 매체로 확장하는 실험을 즐기는 전민제 작가는 냉장고에 대해 다음과 같이 표현했다.[8]

> 그는 자연의 법칙을 거스르신다. 그것으로 하여금 우리에게 일용할 양식을 주실 뿐 아니라, 우리의 부패함까지 보듬으며 생명을 보존해주신다. 그는 여러 해결책을 주시지만 동시에 많은 고민을 안겨주신다. 더 이상 물로 심판하지 않으시지만 다른 심판을 내릴 수 있다고 은연중에 경고하고 계신다. 우리는 그에게 수많은 은혜를 받고 있음과 동시에 위협을 받고 있다. 우리를 구원하기도, 벌하기도 하시는 그는 양면성을 동시에 보여주신다.

자연의 이치를 거스르고 천심에 반하는 것이 결국 파국을 초래하리라는 것을 몰랐을까. 어리석은 인간은 냉장고를 이용해 신적 존재가 되고 싶은 열망을 이루고자 했다. 그러나 욕망의 덫에서 빠져나오지 못하고 냉장고가 도리어 인간에게 신과 같은 존재가 되어버린 형국이다. 냉장고 없이 굴러가지 않는 세상이 되었고, 이런 냉장고에 대한 맹신은 음식을 둘러싼 생태적 질서와 균형을 서서히 갉아먹었다.

생각해보면 정물화와 냉장고의 원리는 비슷하다. 냉장고는 식재료를 얼려서 움직이지 않게 하고, 그것의 시간을 잠시 콰트레 캅스의 <낫 롱거 라이프>.
플라스틱 일회용 포장에 관한 고민을 정물화에 빗대어 표현한 프로젝트다.

카라바조의 <과일바구니>

모네의 <사과와 포도>

멈추게 만든다. 자연의 죽음을 지체시킬 수 있다. 말 그대로 정지된 생명으로, 자연의 법칙을 거스른다. 정물화가 당시 부르주아의 욕망을 담았다면, 냉장고는 현대인의 욕망을 가득 담았다. 우리는 냉장고를 무엇이라 불러야 할까.

코끼리를 냉장고에 넣는 방법

"코끼리를 냉장고에 넣으려면……"

언제 어디서 생겼는지 기원은 알 수 없으나 꽤나 세계적으로 알려진 유머다. 참신한 답변들이 여러 개 쏟아져 나왔지만, 그중 제일 유명하고 고전적인 해법은 "냉장고 문을 연다. 코끼리를 냉장고에 넣는다. 냉장고 문을 닫는다"였다. 어느 기계공학도는 이렇게 답변했다. "코끼리보다 큰 냉장고를 개발하면 된다." 이에 다른 유전공학도는 "냉장고보다 작은 코끼리를 만들면 된다"고 받아쳤다. 이번에는 수학도가 진지하게 고민하며, "코끼리를 미분하여 넣은 후 다시 적분한다"고 중얼거렸다. 다양한 답변을 들은 후 철학도가 대답했다. "냉장고에 코끼리를 넣지 않았지만 이미 넣은 것이나 다름없다!"

사실 현대 기술로 코끼리는 냉장고에 충분히 넣을 수 있다. 미국의 과학자 바버라 프랫 덕택이다. 우리는 거대한 냉장 컨테이너에 코끼리를 마음껏 넣을 수 있다. '차가움의 여왕The Queen of Cold'으로 알려진 그녀는 냉장 컨테이너 시스템 개발에 큰 역할을 했다. 1977년 세계적인 해운 업체 머스크 Maersk에 고용된 바버라는 컨테이너에 거주하면서 실험을 했다. 그녀는 7년 동안 대부분 시간을 컨테이너에서 살면서 내부의 습도, 온도, 기류를 체크하고 컨테이너 내부의 환경이 식품에 어떤 영향을 주는지 조사했다. 그녀의 연구에서 얻은 결과로 만들어진 컨테이너 설계와 식품 포장법은 오늘날까지 활용되고 있다.

차가움의 여왕, 바버라 프랫.
그녀 덕택에 우리는 컨테이너를 통해 식재료를 유통할 수 있게 되었다.

하지만 대형 컨테이너가 아니라 가정용 냉장고에도 코끼리를 넣을 수 있을까. 여기에 다소 냉소적이면서도 섬뜩한 정답이 있다. 방법은 간단한데, 코끼리를 냉장고에 넣으려면 글로벌 식품 기업에 의뢰하면 된다. 미국에 본부를 두고 있는 기업이면 더 좋다. 그들을 설득할 수만 있다면 모든 문제가 해결된다.

그들은 먼저 인류학자, 생물학자, 동물학자 등으로 구성된 조사팀을 아프리카나 동남아시아의 정글로 보낼 것이다. 인류가 코끼리 고기를 어떻게 먹어왔는지 역사적으로 추적할 것이고, 현재 어느 부족이 코끼리 고기를 언제, 어떻게, 왜 먹는지, 고기의 영양이 풍부한지 등에 대한 조사보고서도 작성할 것이다. 전문가들이 모여 그룹으로 조사할 수도 있고, 연구팀마다 별도의 주제를 잡고 조사할 수도 있다. 여기서 중요한 것은 그들 스스로 너무 전문화돼 있어 자신들의 관점에서만 보고서를 작성하기 때문에, 훗날 이 연구가 어떤 결과를 도출할지는 아무도 모른다는 점이다.

그들의 연구를 기반으로 암수 코끼리나 연령대별 고기의 등급이 매겨질 것이다. 만약 수컷 코끼리가 상품성이 떨어진다고 판단되면 태어나자마자 가차 없이 도살할 수도 있다. 동시에 생산 비용과 원가를 최소화하기 위한 노력이 이어질 것이다. 화학물질이나 유전자 변형을 가한 값싼 사료가 개발될 것이고 코끼리의 거대한 몸에 맞춰 튼튼한 케이지도 만들어질 것이다.

코끼리를 사육하는 방법은 '합리적'이고 '과학적'으로 진행될 것이다. 새끼를 낳는 어미 코끼리만 분류해서 기른다거나, 어린 코끼리만 무리에서 떨어뜨려 기르거나, 코끼리의 특

33

성을 파악해서 비육하게 키울 수 있는 최선의 방식을 찾을 것이다. 물론 그들은 코끼리에 적합한 항생제나 발정제, 성장호르몬제와 같은 주사도 개발할 것이다. 이윤을 최대화하기 위해 온갖 집약적인 방법이 동원될 수 있다.

식품 산업에서 빼놓을 수 없는 마케팅 전문가들의 도움도 걱정할 필요 없다. 그들은 상품 공정의 마지막까지 모든 준비가 되어 있다. 대형 할인마트와 온라인 플랫폼에서는 묶음상품이나 1+1 할인 행사 상품으로 코끼리 고기를 판매할 것이다. 소비자들은 상품을 고르면서 합리적으로 구매했다고 착각하게 된다. 각자의 집에는 코끼리 고기를 보관할 수 있는 든든한 냉장고가 있으니 걱정할 일이 없다. 드디어 우리 집 냉장고 속으로 코끼리가 들어왔다.

현대 식품 산업의 생태계를 장악하고 있는 다국적 기업의 탄생 배경에는 바로 저온유통 체계가 존재한다. 냉동 기술의 발전으로 식품은 원거리 유통과 판매가 가능해졌다. 공장식 대량생산 체계는 이윤을 최대화하기 위해 온갖 집약적인 방법을 동원함으로써 식품의 생산량을 극대화했고, 효율적인 물류 시스템과 기계화로 노동력은 대폭 절감시키면서 생산 비용과 원가를 최소화했다. 우리는 이것을 서구 근대화를 넘어 후기 자본주의 체제의 '미국식 표준화'라고 부른다. 효율과 속도, 대량생산, 합리성을 모두 충족시켜야 한다.[9]

문제는 그 표준화 안에서 여러 부작용이 발생했는데, 인간의 탐욕을 위해 탄생한 기형적인 생산 시스템은 특히 육식(도살 과정은 비밀리에 집행된다)과 육류 소비에서 정점에 달

독일 보슈사의 냉장고 광고. 중생대 공룡의 고기도
신선하게 보관할 수 있을 정도로 강력한 냉장고의 성능을 자랑한다.

했다. 공장식 도축 시스템의 대표적인 산물인 배터리 케이지 battery cage에서 볼 수 있듯이 밀집 사육에서 발생하는 식품 산업의 비윤리적인 문제는 심각하다.[10] 무엇보다 생명을 고기로 상품화하는 과정에서 우리가 무감각해진다는 게 더 큰 문제다. 소시지나 햄은 나에게 상품 그 이상도 이하도 아니며, 값비싼 육류를 대체하거나 조리하기 편하기 때문에 없으면 매우 불편한 식품이다. 냉장고에 늘 구비해놓아야 마음이 안정된다.

　냉장고 덕분에 복잡하게 얽힌 문제를 직시하게 되었다. 어렵고 무거워 보이는 현실을 간단히 우리가 먹고사는 문제일 뿐이라고 압축할 수 있지만, 그래서 더욱 가벼이 여기기 힘들다. 냉장고 문이 열리자 우리는 이윤을 추구하고 편리함에 집착하는 현대인의 욕망을 마주했다. 이제는 당신의 냉장고 문을 열 차례다.

찬밥의 반란과
따뜻한 식사

음식에 '따뜻한'이란 형용사가 붙으면 긍정적인 느낌을 주는 것 같다. 반면 '차가운'이란 수식어가 붙으면 아무래도 부정적 뉘앙스를 풍기는데, 왠지 식은 밥을 먹으면 서럽다거나 대접을 제대로 못 받은 느낌이고, 찬밥 신세라며 한탄하게 된다. 우리 문화에서는 음식의 온도와 대접의 레벨에 상관관계가 있는 듯하다.

프랑스의 저명한 인류학자 레비스트로스(1908~2009)는 '날것에서 불에 익히는 것'을 요리로 보았다. 날것은 야만, 원시, 자연과 연관되는 반면, 익혀서 요리된 것은 문화, 문명, 사회적 교류를 의미한다고 했다. 즉, 화식火食은 동물과 인간을 구분 지을 수 있는 근거였다.

음식을 불로 익히자 부드러워지고, 맛도 생기고, 각종 세균과 식중독으로부터도 안전해졌다. 안전하게 식량이 공급되니 몸이 건강해지고 인구도 증가했다. 화롯가에서 단란하게 모여 식사하면서 회동도 이뤄졌을 것이다. 섭취하는 에너지가 증가하고, 부드러워진 음식 덕분에 소화 시간도 단축되니 문화를 창조할 힘이 비축됐을 것이다(침팬지는 날것을 씹어 먹는 데 5시간을 소모한다고 한다).

이쯤 되면 음식 문화는 따뜻한 쪽을 옹호하며 불을 중심으로 발전해온 것처럼 보일 수 있다. 하지만 고도로 문명화된 현재에도 우리는 여전히 날것을 환영한다. 한국인은 생선회나 육회를 사랑하고, 이웃 나라 일본의 자랑거리인 스시는 세계인의 입맛을 정복했다. 서구에서는 초밥의 맛을 모르면 상류층이 아니다, 라는 말이 있을 정도로 날생선이 문화 다양성을 즐길 줄 아는 여유와 세련됨의 척도가 되었다. 날것이지만 최고급인 요리는 즐비하다. 사실 고도화된 문명의 시스템이 뒷받침되어야 날음식을 즐길 수 있다. 신선한 상태를 유지하기 위해서 유통 과정부터 냉장 체인 인프라까지 갖춰져야 하기 때문이다(과거에는 왕이나 최고 권력가 정도가 되어야만 먹을 수 있었다).

날음식뿐만이 아니다. 어느 누가 따뜻한 맥주를 상상할 수 있겠는가(메소포타미아 문명에서는 맥주를 따뜻하게 마셨다지만). 퇴근하고 저녁과 함께 하는 차가운 맥주, 그리고 그 목넘김! 차가운 맥주도 모자라서 맥주에 얼음을 넣는 이도 있고, 맥주잔 자체를 냉장고에 보관하는 이도 있다. 극강의 차가움을 원하는 것이다.

불만큼 얼음도 식품의 위생과 안전한 저장에 기여한 바가 크다. 콜레라, 장티푸스와 같은 세균에 의한 감염 등 많은 질병과 식중독 사고를 예방했다. 충분한 영양분 공급으로 영양실조도 해결될 수 있었다. 이와 더불어 계급과 관계없이 음식과 요리의 가능성을 더 넓게 확대해주었으니, 문명화의 정도를 파악하는 데 얼음을 빼놓을 순 없다. 최첨단 유통 시스템이 갖춰진 현대에 우리가 궁극적으로 찾으려는 맛이 아이러니하게도 자연의 맛인 날것이라니, '야생의 혀'가 유전적으로 내려오기 때문일까.

냉장 기술의 발전으로 계절에 구애받지 않고 신선한 음식이 우리 식탁에 오르게 되었다. 그것도 멀고 더 넓은 시장에서 각종 식품이 들어온다. 얼음의 반격이 시작된 것이다. 바닷가재가 처음 열차를 탄 것은 1842년으로, 미국 뉴잉글랜드에서 시카고까지 급행으로 이동했다. 호주에서는 1868년 소고기가 영국으로 처음 출항했고, 4000여 마리의 양고기는 1882년 최초의 냉장선을 타고 뉴질랜드에서 런던으로 항해했다.[11]

1920년대 말부터 미국에서 섭씨 영하 40도의 급속 냉동 기술이 개발되면서, 식재료의 세포 손상을 최소화하여 해동 뒤에도 맛과 모양의 변화를 줄일 수 있었다. 냉동식품의 발명이다. 냉동식품의 아버지로 알려진 클래런스 버즈아이는 알래스카의 이누이트족이 물고기를 오랫동안 보관하기 위해 급속 동결시킨 후 저장하는 법을 보게 된다. 이 방식으로 급속 동결된 물고기는 해동 후에도 신선한 맛을 유지한다는 점을 알았다. 그는 미국으로 돌아가서 냉동 기계와 급속 냉동식품을 개발했다.[12]

이후 냉동식품은 물론 군용 전투 식량에서 파생된 레토르트 식품이 탄생했고, 근래에는 유명 셰프의 요리를 그대로 만들 수 있도록 손질된 재료와 양념, 레시피가 세트로 구성된 밀키트Meal Kit 배송 서비스까지 나왔다.

냉동식품의 아버지 버즈아이

한동안 차가운 음식은 미움을 받아왔다. 해동되면 맛이 변하고 품질도 낮은 데다, 건강에도 좋지 않다는 이유에서였다. 그렇지만 보라. 차가운 음식의 업적은 실로 위대했다. 이제 주문 음식으로 따뜻한 한 끼를 때울 수 있고, 냉동식품도 전자레인지에 돌리면 따뜻한 음식이 된다. 건강을 고려한다면 밀키트라는 선택지도 있다.

그렇다면 인류는 이제 만족할 수 있을까. 우리가 너무 음식의 온도에만 집중하면 중요한 걸 놓칠 수도 있다. 요리란 본래 인간의 창조활동이라는 점과 음식은 누군가와 함께 나눌 때 즐거움이 배가된다는 사실, 그리고 이 모든 것은 단순히 돈으로 소비하면 가치를 잃는다는 점이다. 문제는 음식의 온도가 아니었다. 추억이 얽힌 음식, 함께 나누고 싶은 사람들, 다시 돌아갈 수 없는 그 시절은 기술로는 해결되지 않는다.[13] '따뜻한 식사'는 영원히 상품으로 대체할 수 없을 것이다.

미래의 냉장고: 미래에 부치는 편지

사랑하는 나의 손주에게

너에게 알려주고 싶은 이야기가 있단다. 지금 네가 사는 세상에는 휴먼로봇이 배식하는 정량대로 음식을 먹지만, 본래 우리 인간은 음식을 해 먹었단다. 다소 놀랄 수도 있겠지만 네가 막 태어나던 2050년까지는 요리하는 소수의 무리가 있었다.

지금은 전문가들이 만든 AI 푸드 엔지니어링 시스템으로 칼로리를 계산하고, 안전한 식재료를 구성하고, 푸드 마일리지를 적용하고, 레시피를 데이터베이스에 업로드해서 로봇이 실시간으로 음식을 요리해주지. 그게 당연하다고 생각하겠지만 이러한 과정이 법규화, 제도화된 것은 얼마 되지 않았단다.

인간도 자유의지로 음식을 만들던 때가 있었어. 할아버지가 40대였을 때까지는 육류와 생선, 유제품을 마음껏 먹을 수 있었단다. 좋은 시절이었지. 하지만 세계 정부에서는 음식물 쓰레기와 환경오염을 줄이기 위한 특별 대책으로 식재료에도 육류세를 부과하기 시작했어. 결국 부자들만 먹을 수 있는 재료가 되었단다. 서민들을 위한 대체 식품들이 그때부터 대중화되었지.

대체 식품으로는 3D 프린팅 기술로 만든 배양육 소고기와 닭고기도 한때 유행했고,[14] 곤충식edible insect, 아쿠아포닉스aquaponics 농법이나 식물공장plant factory에서 배송되는 채소로 우리의 식단이 짜였단다.[15] 화성에서 재배한 감자를 먹는 것도 이제는 익숙해졌잖니.

지금은 없어서 못 먹는다는 곤충 요리도 내가 젊었을 때는 혐오식품이라며 먹지 않았단다. 물론 아시아 몇몇 국가에서는 전통적으로 곤충을 먹어왔지. 우리나라도 1960~1970년대에는 메뚜기볶음을 먹었고. 한참 동안 찾지 않다가 부활한 셈이야.

곤충 양식이 대중화된 역사도 그리 길지 않단다. 지금은 징그럽게 생긴 곤충을 젤리나 에너지바, 스낵, 음료, 조미료와 양념처럼 상품화하는 데 성공해서 보기 좋고 먹을 수 있게 되었지.

곤충 농장에서 사용하는 냉장고도 개발되었단다. 곤충을 기르는 일부터 세척과 살균, 내장 제거, 건조와 보관, 냉장 보존 용기에 밀봉, 마지막 유통까지 모두 자동화로 운영되니 얼마나 편리한 세상이 됐는지 모르겠구나.

이러한 식재료는 육류만큼 풍부한 단백질과 영양 성분을 함유하고 있어서 슈퍼푸드로 각광받게 되었단다. 사육 기간도 짧은 데다 유전자 변이 등의 인공 변이가 아니라 친환경적이고, 물도 절약할 수 있을 뿐 아니라, 사육에 들어가는 비용과 면적도 줄이며 미식을 유지할 수 있기 때문이지.[16]

하지만 육류 소비를 강제로 막은 것은 많은 사람을 힘들게 했어.

이를 받아들일 수 없어 폭동도 일어났고. 요즘에도 밀수한 소고기를 몰래 먹다가 벌금형을 받는 뉴스가 간혹 나오는구나. 합법적으로 상품화된 스테이크가 너무 비싸서 벌어지는 일 같아. 어쩔 수 없는 선택이었지만, 우리가 그동안 환경 문제에 대해서 해결하지 못해 내린 결론이었단다. 네 또래 아이들에게 면목이 없구나.

육류를 시작으로 사람이 직접 재료를 선정할 수 있는 자유는 곧 사라졌지. 요리도 함부로 할 수 없게 됐고. 혹자는 요리를 로봇이 대신해주니 편해졌다고 하지만 본래 요리는 인간의 활동이었고 이렇게 로봇이 제조하는 음식으로 100퍼센트 생활하는 삶은 그리 오래되지 않았단다. 이제는 생활에 필요한 모든 기본적인 것이 코인과 마일리지로 해결할 수 있는 세상이 되었구나.

엄마 아빠가 정성껏 요리해주는 음식이 가족에 대한 사랑과도 같다고 말하면 믿어지겠니? 과거에는 이게 보편적인 생각이었단다. 지금은 자기 손으로 음식을 만들면 불법이 되는 사회가 되어버렸어. 국가에서 인증받은 식품회사에 고용된 전문가들만 요리를 할 수 있지. 그래서 네 엄마도 이 할아버지도 조리법을 모두 잊어버렸어. 이제 우리가 할 수 있는 건 멋진 그릇에 음식을 예쁘게 담기만 하는 것이다. 플레이팅에서 재미를 찾는 사람들이 생겨났지.

네 엄마도 너처럼 어렸을 적에는 내가 해주던 3분 카레를 제일 좋아했단다. 할머니보다 할아버지가 해주던 카레를 더 좋아했어. 내가 만들면 더 맛있다나. 그래, 밀키트 갈비탕도 좋아했지. 키트에 담겨 있는 기본 재료 외에도 나는 대파와 무를 썰어서 따로 넣어줬거든.

아, 참. 네 세대는 대파나 무를 모르겠구나. 모두 갈아서 가루로만 먹으니……. 파와 무는 뿌리 채소류 중 하나인데, 현재 우리가 즐겨 먹는 영양 수프 속에 첨가돼 있지. 인류가 지구의 토양에서 재배해서 먹던 채소란다. 지구의 땅에서 자란 식물도 마음껏 먹을 수 있었단다.

이런 음식 이야기를 하면 요즘 아이들은 지겨워할 텐데, 편지가 너무 길어져서 미안하구나. 아무리 로봇이 주는 대로 먹고 일만 하면 되는 세상이라지만 이 할아버지는 혀의 기능을 제대로 사용하던 예전이 그립구나. AI가 우리에게 말했었지. "평화平和는 골고루平 쌀禾이 입口으로 들어간다는 뜻이라, 그래서 음식을 모두에게 나누어주고 행복한 세상을 만들게 해줬는데 도대체 인간은 왜 불만을 품는가?"

아직도 나는 인간이 잃어버린 자존감을 찾는 유일한 길은 직접 음식을 하는 데 있다고 믿는단다. 이것이 지금 세상에서는 불법이지만 너희 세대가 쟁취해야 할 기본권일 것이야. 잃어버린 혀의 감각과 맛을 추구하고 요리하는 존재가 되거라. 부디 하루빨리 인간의 삶을 되찾기를 바란다.

2060년 가을
사랑하는 할아버지가

2장

'부엌 스타'의
탄생 스토리
부엌의 주인이 되기까지

The birth story of 'Kitchen Star'

"우리 집에 냉장고 처음 들어오던 그 시절이 생각나네요.
얼음 아이스박스 쓰다가 신세계로……
냉장고 문 자주 연다고 혼나던 ㅎㅎ"

_칼럼 댓글 중에서

냉장고가 문화재로
지정됐다고?!

요즘 사람들은 상상이나 할 수 있을까? 호랑이가 담배 피우던 시절, 동빙고와 서빙고에 얼음을 보관하려고 겨우내 채빙부역에 동원되던 시절, 우물 안에 플라스틱 통을 넣고 김치를 보관하던 시절, 동네마다 얼음장수가 자전거에 얼음을 잔뜩 싣고 배달하던 시절, 얼음 50~100원어치면 하루를 버티던 시절, 삼성전자에서 아이스박스(하이콜드 피크닉 아이스박스)를 판매하던 시절, 여름이면 얼음을 사려고 얼음 가게 앞에 줄을 서서 기다리던 시절을……

　냉장고가 없던 1800년대 중반, 미국 가정에서는 유제품과 식품을 보관하기 위해 아이스박스를 사용했다. 장롱이나 나무 상자같이 생긴 데다, 경첩과 손잡이는 물론 다리까지 달려 있었다. 당시에는 아이스박스를 'refrigerator(냉장고)'라고 불렀다. 영국에서는 냉장고를 'fridge' 또는 'freezer'로 부르기도 했다.[1]

**1970년 골목 안 풍경,
얼음이 든 수레를 끄는 사람들의 모습**

아이스박스의 원리는 냉기의 특징을 이용한 것이다. 위쪽
칸에 얼음덩이를 두면 냉기가 하강하는 효과로 아래쪽 저장
공간이 차가워진다. 아이스박스 외형은 목재로 만들고, 내부
는 단열재로 철제나 금속을 이용해서 만든 금고 형태였다. 아
이스박스는 뭔가를 얼리지는 못했다. 오늘날의 냉장고와 비
교하면 수줍은 수준이었다.

한중일 가운데 서양의 근대 문물을 가장 먼저 받아들인
일본은 냉장고 역시 재빠르게 들여왔다. 일본에서는 아이스
박스를 냉장상자冷藏箱(레이조바코), 리프리지레이터는 냉장고冷

47

1957년 한강에서의 채빙 작업

藏庫(레이조코)로 불렀다. 우리가 '냉장고'라는 단어를 사용하게
된 것도 아마 일본의 영향이 아닐까 싶다. 일본산 최초의 냉
장고는 1930년 도시바의 전신인 시바우라 제작소芝浦製作所에
서 만든 가정용이며, 중국에서는 1956년 베이징설화냉장고
공장北京雪花冰箱廠에서 생산한 설화雪花라는 냉장고가 최초였다.

한편, 국내 시장에 처음 등장한 냉장고는 금성(현 LG전자)
사의 GR-120 '눈표 냉장고'다. 1965년에 일본 히타치사와 기술을 제휴해 출시한 제품으로, G(Gold Star), R(Refrigerator), 120리터의 줄임말이다. 이 제품은 지금의 일반적인 모습과는 달리 냉장과 냉동실이 일체형인 1도어door로 구성되었다. 국산 냉장고 1호가 생산된 곳은 부산 동래구 온천동의 종합전기기기 공장이었다. 눈표 냉장고는 2013년 등록문화재로 지정되었다(국가등록문화재 제560호). 우리나라 최초로 상용화된 가정용 식품 보관 냉장고로, 냉장 산업의 기술 발전과 산업디자인의 역사적인 측면에서도 상징적인 의미를 인정받은 것이다.

하지만 한국에서는 냉장고가 조왕신을 몰아내고 부엌의 주인이 되기까지 시간이 조금 더 걸렸다. 너무 고가여서 서민이 접근하기 힘든 제품이었다. 1960년대나 1970년대 초만 하더라도 냉장고는 동네에 한두 대 있을 정도로 부잣집에서만 찾아볼 수 있는 고급 제품이자 과시용 물건이었다. 당시 600가구당 한 대꼴로 보급되었다. 산업통상자원부에 따르면, 1968년 대졸 초임 월급이 1만1000원이었고, 냉장고 출시 가격은 8만600원이었다. 서민들에겐 여전히 금값이었다. 냉장고가 없는 가정은 여전히 파란색 스티로폼 아이스박스에 음식을 보관해야 했다.

1980년대에 이르러서야 모든 가정에 냉장고가 보급되는 양상을 보였다. 1965년 채 1퍼센트도 되지 않던 냉장고 보급률이 1991년 95퍼센트를 기록할 정도로 가격대가 평준화되자 서민층까지 상용화되었다. 더욱이 한국의 주거 양식이 주택에서 아파트 중심으로 전환되면서 비로소 주방에서 냉장고가 주인공으로 등극하게 되었다.[2]

초기 아이스박스

ICE

© Wikimedia Commons

일제강점기 냉장기(1920~1930)

© 디자인콜라이우치앙

소가 처음
열차를 탄 날

저온유통 체계가 없던 시절 도시인들은 어떻게 쇠고기를 먹었을까. 아마 시장에서 샀을 거라고 쉽게 답할 것이다. 그렇다. 시장에서 가축을 도살한 뒤 생고기를 판매했을 것이다. 그렇다면 시장에서는 소를 어떻게 구했을까? 도시에서 소를 키웠을까? 그 많은 소를 어떻게 공급했을까? 지금처럼 도매업체가 있었을까?

어릴 적 나는 미국 프로농구인 NBA를 즐겨 봤는데, 가장 좋아하는 팀은 단연 마이클 조던이 뛰는 시카고 불스 Chicago Bulls였다. 나는 그때 왜 팀의 상징이 황소Bulls였는지 몰랐다. 황소처럼 저돌적으로 뛰라는 의미로 붙였겠거니 추측했을 정도다. 그보다 중요한 건 시카고 불스는 정의를 위해 싸우는 팀이고, 나머지 팀들은 내겐 모두 악당이었다는 점이다. 시카고가 미국 정육 산업의 심장부였다는 사실은 한참 뒤에야 알게 되었다. 클린트 이스트우드 주연의 「황야의 무법자」 같은 서부영화에 등장하는 카우보이가 소몰이꾼이라는 사실도 알지 못했다. 나에게 카우보이는 그저 시가를 물고 온갖 폼을 잡는 총잡이로밖에 보이지 않았다.

방목식으로 소떼를 몰고 도시까지 장거리 이동하던 카우보이들은, 남북전쟁 이후 1880년대부터 철도가 본격적으로 화물 운송을 시작하자 소떼를 열차에 실어 산 채로 도시에 보내는 작업을 했다. 철도 승무원 대신 카우보이가 열차에 탑승했다. 이 때문에 서부영화에서 카우보이가 도적 떼들과 열차에서 총질하는 장면이 자주 등장하는 것이다.

미국의 서부 개척 시대를 살펴보니 위의 질문에 대한 답이 나왔다. 냉장고가 없던 시절, 집에서 신선한 쇠고기를 먹기 위해서는 소를 목초지나 대평원에서 도시까지 끌고 가야 했다. 철길이 개통되면서 열차를 이용했지만, 더 먼 과거에는 가축이 직접 걸어가게 하는 수밖에 없었다.

이후 냉장 기술의 발전에 따라 도시의 정육업자들은 냉장 열차를 이용하기 시작했다. 냉장 열차의 등장으로 육가공 산업도 발전했다. 살아 있는 '소'를 이동시키는 대신 부위별로 해체한 '쇠고기'를 전국으로 배송하게 되었다. 도축과 포장 시설이 갖춰진 정육회사에서 비로소 전국 각지로 보낼 수 있는 상품으로 만들어진 것이다. 효율적으로 비용을 절감할 수 있는 시스템이 생겼으니 카우보이의 역할은 거기까지였다.

철도가 개통되면서 교통의 요충지로 떠오른 시카고는 미국 정육 산업의 중심지가 되었다. 도축과 포장 시설이 일원화되고 공정은 체계화되었다. 그 배경에 저온유통 체계라는 구조가 있기에 가능했던 일이다. 그중에서도 1879년 구스타부스 프랭클린 스위프트(1839~1903)가 개발한 냉장 열차는 이 모든 것의 시작이었다. 도축한 고기는 부위별로 해체되어 상하기 전에 전국으로 배송되었다.

© Wikimedia Commons

광활한 미국 중서부 지역을 쉬지 않고 달렸을 냉장 열차

유니언 스톡 야드Union Stock Yards라는 거대한 도축장에서는 1874년 2만여 마리의 소를 도축했으나 1890년에는 그 수가 220여 만 마리로 늘어났다. 냉장 열차 덕택에 전국으로의 유통이 가능해졌기 때문이다. 살아 있는 소를 열차로 운반하는 물량은 36만 톤(1882)에서 28만 톤(1886)으로 감소했던 반면, 냉장 열차에 실은 포장된 쇠고기는 2600톤에서 69만

54

1947년 유니언 스톡 야드 전경

톤으로 급증했다. 당시 정육업체에서 한 해 동안 사용한 얼음이 무려 150만 톤이었다고 한다.

　미국의 '자동차 왕' 헨리 포드가 컨베이어 벨트 시스템을 착안한 곳이 시카고의 유니언 스톡 야드였다는 것은 유명한 일화다. 소를 도살하고, 절단하고, 손질하고, 세척하고, 포장하기까지의 모든 공정은 획기적이었다. 그러나 노동자들의 처지에서는 열악한 환경일 수밖에 없었다. 가축의 비명이 난무하고, 코를 찌르는 악취가 몰려오고, 동물의 피가 연못처럼 고이는 환경이었기 때문이다. 대부분 저임금 이주 노동자들이 공장의 자리를 메꾸었다.

　노동자들은 매뉴얼에 따라 분업화된 각자의 작업만 반

55

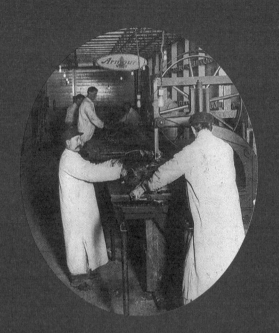

소의 도축 과정(유니언 스톡 야드, 1906~1910)

복적으로 수행했다. 도축 과정도 부분적으로 기계화되면서 가축의 살생에서 겪는 정신적인 고통도 줄어들었다. 어쩌면 노동자 자신도 도축장의 한 부품처럼 수동적으로 같은 동작만 반복했는지 모른다. 고기를 손질하는 사람도 그것을 구매하는 소비자도 이제 쇠고기는 깔끔하게 패킹된 상품으로 생각하게 되었다.

언젠가 마트에서 소시지랑 돈가스를 사달라고 떼쓰는 꼬마를 봤다. 아이의 아빠는 사줄 마음이 없었는지 짓궂게 대답을 했다. "네가 좋아하는 돈가스가 뭐로 만들어졌는지 아니? 바로 꿀꿀 돼지를 잡아서 만든 거야." 그 말을 듣자마자 아이는 거짓말하지 말라며 그 자리에서 울고 말았다.

냉장고로
꿈꾸는 환상

난생처음 냉장고를 접했던 어른들은 이를 경물敬物로 받아들였다. 집에 모시는 귀한 제품이었던 것이다. 사람들은 냉장고에 대한 거부감보다는 환상과 기대를 품었다. 동네 어귀의 얼음가게나 지나가던 얼음장수에게 구할 수 있던 얼음을 편하게 집에서 얼릴 수 있었으니 얼마나 신기했을까. 이 신통방통한 물건은 식품 보관 기간도 늘려주었고, 덕분에 그전보다 덜짜게 음식을 먹을 수 있었다(그 전에는 오래 두고 먹으려면 소금에 절여야 했다). 무엇보다 가족의 배탈과 설사도 줄여줬다. 집에 냉장고 하나 들여놨을 뿐인데, 새로운 사물로 집 안의 질서가 재편되고 공기의 흐름이 바뀌었다.

옛날 가정집 사진을 보면 냉장고가 부엌이 아닌 거실이나 마루에 놓여 있는 모습을 쉽게 찾을 수 있다. 냉장고 본래의 기능이 식재료나 식품을 보관하는 용도라면 당연히 부엌에 설치해야 하는데, 당시는 서울에서도 부뚜막 부엌(재래식

부엌)을 사용하던 때라 냉장고를 부엌에 두기 어려웠을 것이다. 더욱이 이웃에게 과시라도 하려면 거실에 두어야 했다.

"냉장고는 10년 이상을 사용하실 큰 재산입니다." 1970년대의 냉장고 광고 문구다.[3] 냉장고는 가전제품이라기보다 재산으로 받아들여졌다. 대체 무슨 목적으로 실행했는지 모르겠지만, 과거 국민학교(초등학교)에서는 학생들의 생활 환경 조사로 냉장고, 세탁기, 전화기, 자가용 등의 소유 여부를 교사가 직접 물었다.

일반 가정으로 각종 가전제품이 보급되기 시작한 것은 '경제개발 5개년계획(1962~1981)'과 맞물린다. 1964년부터 전기가 안정적으로 공급되었고, 그 결과 1974년에는 전기 보급률이 전체 가구의 90퍼센트에 달했다. 1977년 1인당 국민총생산GNP이 1000달러를 넘어섰고, 국민의 소비와 생활문화가 크게 변하기 시작했다.

수도권의 인구 증가는 고도성장과 함께 본격화됐다. 전통적인 농업사회에서 공업사회로 산업 구조가 바뀌면서 많은 사람이 도시로 이주했기 때문이다. 인구 밀집을 해결하기 위해 주거 양식은 주택에서 아파트 중심으로 전환되었고, 마침내 1981년 전체 주택 건설 총량을 차지하는 비율에서 아파트가 단독주택을 앞서기 시작했다. 아파트 문화는 입식 부엌의 대중화를 앞당겼고, 비로소 냉장고가 부엌의 주인공으로 등극했다. 즉, 주거 양식이 주택에서 아파트 중심으로 전환되면서, 냉장고의 사회문화적 의미는 변화를 맞는다. 여전히 값비싼 가전제품이긴 했지만, 사치품에서 필수품으로 전환되었다.

미국식 냉장고 모델의 장점을 자세히 열거하고 있다.
**"강력한 콤프레샤, 우아한 품위, 실용적인 내부 구조, 네 가지 칼라
(브라운, 옐로, 그린, 화이트)." 당시까지 미국 제품은 우아함의 대명사였다.**

1960년대까지만 해도 일부 부유층에서만 사용하던 고급 제품인 냉장고는, 1970년대 후반으로 접어들자 서울 시민들까지 사용할 정도로 대중화되었다. 1965년 채 1퍼센트에도 못 미쳤던 냉장고 보급률은 1975년 6.5퍼센트, 1985년 71퍼센트, 1991년 99.9퍼센트를 기록할 정도로 가파르게 상승했다.[4] 불과 20년도 안 되는 짧은 기간에 냉장고는 가정에 없어서는 안 될 필수품으로 자리 잡았다.

자칫 촌스러워 보일 수 있는 백색 컬러에 네모지고 낯설게 생긴 물건이 어떻게 사랑을 받을 수 있었을까. 당시 사람들은 왜 냉장고를 세련되고 우아하다고 여겼을까. 마치 늘 부엌 한편에 자리하고 있었던 듯, 냉장고는 우리 삶에 자연스럽게 녹아들었다. 냉장고의 탄생 이래로 사람들은 제품에 대한 거부감보다는 환상과 기대를 품어왔다. 1962년 『경향신문』에

61

奇異에서처음! 어느家庭에서나 變壓器없이쓸수있는…

Hotpoint 票 (핫트포인트)

INTERNATIONAL GENERAL ELECTRIC ca 製品

1959年度 最新型

冷藏庫

入荷!!

破格的 大廉価로
予約拜受中!

詳細한것은 下記로 問議하시면
數量에制限이 있아니交換하게
報答하겠나이다!

古紀映画株式会社
林 規 汝
TEL交換⑫9125—9129

年中 文化生活에 愛用되고 奉仕하는

엔젤電氣冷藏庫

MODEL→IR 70—D

西獨特許F壓縮機使用

電氣消耗量40W·1日5원

自動温度調節装置

月賦販賣開始

取級所

美都波百貨店
1층 (北門入口)
冷藏庫部
☎2400

新世界百貨店
4층 冷藏庫部 ☎205원

製造元 IRC 國際冷凍工業株式會社

연재된 소설에는 미국 주부에 관한 환상이 잘 묘사되어 있어
당시의 분위기를 짐작할 수 있다.[5]

미국에서는 가정부인들이 시간이 남아서 걱정이라는 소리를
들었다. 전기취사기電氣炊事機, 전기세탁기, 전기냉장고, 전기 믹
서, 전기소제기-가정생활에 필요한 일체의 기구가 전화되어 있
어서 방 안에 앉아서도 스위치 하나만 넣으면 무엇이나 즉석
에서 되어 나온다. 게다가 도둑이 적어서 현관에 자물쇠 하나
만 잠그면 얼마든지 외출이 가능하다. 그런 까닭으로 해서 가
정부인들은 가두로 진출하여 제각기의 취미에 따라 사회봉사
에 헌신할 수가 있다. 미국의 사회복지 사업이 오늘날과 같이
발전하게 된 데는 가정부인들의 공헌이 지대하다는 것이다. 참
으로 부럽기 짝 없는 이야기다.

지금 이 글을 보면 피식 웃음이 나오겠지만, 당시 한국
주부들에게 미국 주부의 삶은 부러움의 대상이었고, 광고에
는 선진국에 대한 동경이 담겨 있었다. 국가 경제가 발전하고
국민소득이 증가하면서 근대화에 대한 열망과 관심도 높아
지던 시기였다. 이러한 흐름에 따라 가정 풍경 역시 변화하기
시작했다. 가전제품은 생활의 변화를 꿈꾸는 사람들에게 기
대를 품게 했다. 그중에서도 냉장고는 주부들이 꿈꿔왔던 서
구식 부엌 설비 '시스템 키친'의 시작점이자 위시리스트 1순
위가 되었다. 깨끗하고 편리하며, 집안일에서 해방될 수 있으
리라는 기대감이 커졌다.[6] 당시 냉장고 광고에도 선진국을 동

금성 전기냉장고 광고

경하는 분위기가 투영되어 있다. 1930년대부터 1970년대 초반까지 외국 제품이 광고 시장의 주를 이뤘는데, 주로 미국의 제너럴 일렉트릭, 웨스팅하우스, 일본의 내셔널, 도시바 등의 제품이 냉장고 시장을 지배했다.

1965년 국내에서는 금성사가 최초로 전기냉장고를 출시했지만, 일본 히타치와 기술 제휴를 맺었으므로 독자적인 개발이라고 볼 수는 없었다. 선진 기술력뿐 아니라 소비자를 매혹하기 위해 광고 전략에도 서구풍 스타일이 적용되었다. 위쪽의 신문 광고를 보면, 인텔리로 보이는 우아한 서양 여성이 신선한 과일이 담긴 볼을 들고 '한국 최초의 금성 전기냉장고'라는 문구를 가리키고 있다. 오른편에는 문이 활짝 열린 냉장고가 있고, 내부에는 통닭, 맥주, 통조림, 각종 과일 등이 채워져 있다. 동일한 제품의 칼라 광고 사진에는 한국 모델이 등장한다. 하지만 이 모델 역시 서구식으로 치장한 세련된 여

65

韓国最初의
金星電気冷蔵庫
REFRIGERATOR GR-120

株式
會社 金星社

금성 전기냉장고 광고

성이고, 냉장고 내부에는 서구식 식품이 보인다. 냉장고는 당시 주부들에게 있어 깨끗하고 편리하며 합리적인 서구의 근대적 삶을 표방하는 제품이었다.

1970년대까지 여전히 미국식 모델의 수입 냉장고가 각광을 받았다. 국산품보다 높은 기술력을 겸비한 선진국 제품에 대한 신뢰가 더 두터웠음을 알 수 있다. 1970년대 후반에 들어서는 국산 냉장고가 선진국에서도 인정받았다는 사실이 광고에 강조되었다. 이를테면 미국 가전제품 제조협회 'AHAM'의 마크나, 미국 정부가 공인하는 'UL마크(미국 안전 규격 Underwriters Laboratories Inc)'를 획득한 것을 전략적으로 홍보했다. 재미있는 것은 국산 냉장고 광고에서 상품인 냉장고보다 해외 인증 마크를 더 크게 디자인했다는 점이다.

1970년대 후반 들어 냉장고를 선진국으로 역수출하게 되었다. 1977년 금성사는 미국과 유럽 등 해외 시장에 수출하는 한국 유일의 냉장고라는 점을 강조했으며, 이에 지지 않고 대한전선은 1979년 국내 최초로 일본에 냉장고를 역수출하는 사실을 알렸다. 불과 20년도 지나지 않아 선진 기술의 제휴를 받아야만 냉장고를 제작할 수 있던 수준에서, 선진국으로 냉장고를 역수출하는 나라가 된 것이다.

한편, 1960년대는 사회적으로 위생과 청결 관념이 강조되던 시기였다. 1962년 식품위생법이 제정되었고, 1967년 식품 위생을 전담하는 행정과가 신설되었으며, 1969년 보건 범죄에 관한 특별 조치법이 만들어지는 등 식품 위생 제도가 마련되었다. 식품 안전사고가 빈번하게 발생하자, 정부가 식

67

냉장고의 전자동시대를 선언합니다.

10년전엔 서리끼는 냉장고도
최신식이었습니다.
작년엔 서리만 없으면 최신식
이었습니다.
그러나 이제는 서리도 없고
전자동이라야 최신식
입니다.

전자동 냉장고란 무엇인가?

■ 1977년, 금성사가 개발한 한국 최초 수입최 반전자동냉장고

■ 이제야말로 냉장고내의 넣기 추고가 자동조절되면서 에너지 절약기능을 받추어 놓고도 덜컥 냉장고내의 최신식이라 대냉장고

■ 서리가 전혀 어지 않으므로 식품이 얼어붙지 않고, 서리제거를 위해 일손과 비용을 늘리 줄 필요도 없는 최신형냉장고

■ 전자동냉장고 공인해야 (UL/미국 안전규격) 획득, 미국·유럽등 세계시장에 수출되는 한국유일의 냉장고

눈표 ★★★ 금성냉장고

주식회사 금성사

에너지절약시대에
일본에서도 절전형냉장고 로얄1·2·0를 찾고있습니다

TEC 알림의 컬러O 대한전선

절전 40%

로얄1·2·0을 사용하시면
전기다리미15시간+밥솥15시간+세탁기10시간+
선풍기90시간+형광등2등150시간 만큼
매달 26.7kWh 나 절약됩니다.

국내최초로 로얄1·2·0대형냉장고
품질안전규격▽마크 획득하고
일본시장에 진출

수출

대한로얄1·2·0냉장고

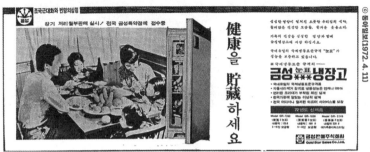

금성눈표냉장고 광고. 싱싱한 영양이 펼쳐진 오붓한 우리 집의 식탁.
둘러앉은 건강한 모습들. 즐거운 웃음소리.
가족의 건강을 싱싱한 영양과 함께 금성냉장고에 저장하십시오.

품 첨가물의 유해 여부와 허용 기준치 등을 직접 관리·감독
하기 시작했다.[7]

　사회 분위기와 더불어 집에서도 위생과 청결에 대한 관
심이 높아졌다. 기업도 냉장고의 필요성을 강조하며 소비 욕
구를 자극했다. 식품을 장기간 신선하고 안전하게 보관할 수
있는 냉장고가 '가족 건강의 보호자'라는 이미지를 심어줬
으며, 음식의 신선함과 건강 문제를 직결시켰다. '신선' '싱싱'
'건강'이 광고의 주된 메시지였으며, 편리하고 위생적이며 쾌
적한 삶을 위해서는 냉장고가 필수라고 주장했다.

　한국 사회는 1960~1970년대 고도경제성장기를 거치
면서 근대 가족의 이념이 형성되었다. 이때 형성된 주부 역
할 모델이 현대 주부 역할의 원형을 이루고 있다고 가정한다
면,[8] 당시 집 안에서 위생의 책임은 주부에게 돌아갔다. 가족

아기의 건강은
엄마의 요리솜씨!

금성 슈 믹서
금성 장 토스타

주식회사금성사
Gold Star Co., Ltd.

금성사 믹서·토스타 포스터 광고

의 건강과 집안 청결 관리는 여성의 영역이자 주부에게 기대되는 역할이었다.[9] 즉, 가사노동 의무화의 메시지가 교묘하게 건강과 청결이라는 과제로 포장된 것이다.

"아기의 건강은 엄마의 요리 솜씨!"와 같이 가족의 '건강'을 위해 '영양' 있는 음식은 '주부의 손'으로 만들어야 한다는 주부상像이 형성되었다. 가사노동은 어머니의 헌신이나 사랑으로 묘사되었고, 그것을 이행하지 못한 주부들은 죄책감을 느꼈다.

가전제품 덕택에 집안일이 줄어든 게 아니라 주부가 감당해야 할 부담은 오히려 가중되었다. 가전제품의 탄생으로 '가사'는 더 이상 힘들고 귀찮은 일이 아니라, 애정과 헌신의 표현·상징이라는 이데올로기로 재구성된 것이다.[10] '부엌데기'로만 남아 있을 수는 없다며[11] 1930년대 부엌의 혁명을 부르짖던 신여성들의 바람은 냉장고가 각 가정에 보급된 뒤로도 이루어지지 않았다.

빙수 사랑,
아이 사랑

요즘 아빠들은 월급날이 되면 치킨을 사오지만, 내가 어렸을 때는 퍼 먹는 아이스크림을 사오는 아빠가 최고였다. 아이스크림 주위로 둘러앉아 숟가락으로 퍼 먹으면 온 가족이 행복해졌다.

가족에게 추억을 선물해주던 아이스크림 역시 냉장고 덕택에 누릴 수 있는 행복이었다. 아이스크림 제조 기술부터 재료의 보관과 가공 처리, 유통에 이르는 전 과정이 저온유통체계의 발전으로 가능했다. 또한 최종 단계인 소비자의 집마다 냉장고가 보급되지 않았다면, 그래서 집에 식품을 보관할 수 없었다면, 식품회사는 발전할 수 없었을 것이다. 마치 악어와 악어새의 관계와도 같다.

얼음을 간식이나 후식에 이용한 예로 먼 과거인 고려시대에 여름에 얼음 꿀물을 만들어 먹거나, 조선시대에 얼음을 잘게 부수어 화채를 즐겼다는 기록이 있지만, 모두 최고 권력

계층만 누릴 수 있는 호사였다. 부역을 지우고 노비를 부려 또 얼마나 많은 사람을 희생시켰을까(역사는 침묵하겠지만).

청일전쟁 이후 일본인들이 냉차(어름물)를 들여왔고, 빙과류가 대중화된 것은 일제강점기부터다(역사의 아이러니다).[12] 1900년대부터 경성 시내 곳곳에는 일본식 빙수점氷水店이 등장했다. 철제 빙삭기로 눈처럼 곱게 갈아낸 얼음에 설탕이나 사카린 같은 감미료, 바나나, 오렌지, 딸기물(시럽)을 첨가했다. 이를 일본식 가키고리かき氷라고 하는데, 현재 우리가 먹는 팥빙수와는 차이가 있다. 심지어 빙수 위에 날계란을 풀어 먹기도 했다. 팥과 각종 고명이 듬뿍 올라간 빙수는 1970년대 이후에 등장한다.

1915년 서울에만 빙수 상인이 442명 정도 있었다. 빙수점은 얼음이 녹기 전에 팔아야 하므로 제빙소나 냉동 창고가 있는 대도시에서만 문을 열었다.[13] 그러나 천연 얼음으로 만들었던 빙수는 세균 감염의 위험을 안고 있었다. 당시 얼음은 한겨울에 한강에서 채취했으므로 식중독 같은 유행병에 걸릴 위험이 컸다. 이러한 위생 문제는 제빙공장이 세워지면서 점차 해결되었다. 염화칼슘을 녹인 물속에 수돗물(식용수)이 담긴 얼음틀을 넣고 섭씨 영하 10도와 12도 사이에서 48시간 얼리면 130킬로그램의 얼음덩어리가 만들어진다. 암모니아 가스가 회전하면서 염화칼슘 물을 냉각시켜주는 원리를 응용한 것이다.[14]

근대 시기의 잡지인 『별건곤』(1928년 제14호)에는 빙수에 관해 묘사한 글이 있다.

사알-사알 가려서 참말로 눈결가티 가른 고흔 어름을 삽풋떠서 혀ㅅ바닥 우에 가저다 놋키만 하면 씹을 것도 업시 깨물 것도 업시 그냥 그대로 혀도 움즉일 새 업시 스르르 녹아버리면서 달콤한 향긋한 찬 긔운에 혀끗이 환−해지고 입속이 환−해지고 머리 속이 환−해지면서 가슴속 배 속 등덜미까지 찬긔운이 돈다. 참말 빙수는 만히씩 떠먹기를 앗겨하면서 혀끗에 놋코 녹이거나 빙수물에 혀끗을 담그고 싀원한 맛에 눈을 스르르 감오면서 깃버하는 유치원 아기들가티 어리광처가며 먹어야 참맛을 아는 것이다.

어떻게 빙수 묘사를 이렇게 맛깔나게 할 수 있을까. 글 쓴이는 다름 아닌 어린이날을 제정한 소파 방정환 선생 (1899∼1931)이다. 당시 그는 빙수 마니아로 알려졌다. 빙수를 하루 열 그릇까지 먹던 때도 있었다고 한다.[15] 그는 다른 글에서는 빙수를 "사랑하는 이의 보드라운 혀끝 맛 같은 맛을 얼음에 채운 맛!"이라고 표현하기도 했다.[16]

1930년대에 근대화에 접어들면서 소규모 제빙이 가능해졌다. 이때 새롭게 등장한 것이 바로 아이스케키 장수다. 아이스케키는 아이스케이크ice-cake의 일본식 발음에서 유래되었다. 우리말로는 얼음과자라고 불렸다. 당시 서울에는 아이스케키를 파는 장사꾼이 1500명이나 되었다고 한다.[17] 이후 아이스케키는 한국전쟁 이후에도 길거리 간식을 책임졌다. 처음에는 색소를 탄 물에 설탕을 넣어 나무막대를 꽂아 얼린 얼음덩어리에 불과했는데, 점점 발전해서 단팥과 우유물을

빙삭기. 『조선신문』 1929년 6월 28일자에 실린
'쇼치쿠바이松竹梅' 빙삭기 광고(왼쪽)와 국립민속박물관 소장 빙수기.

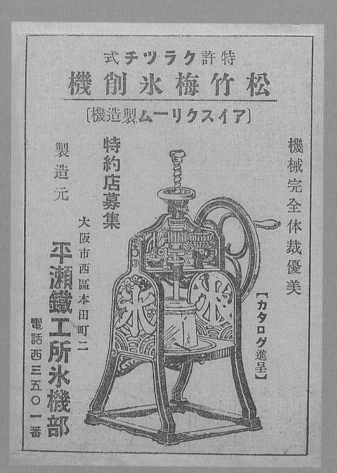

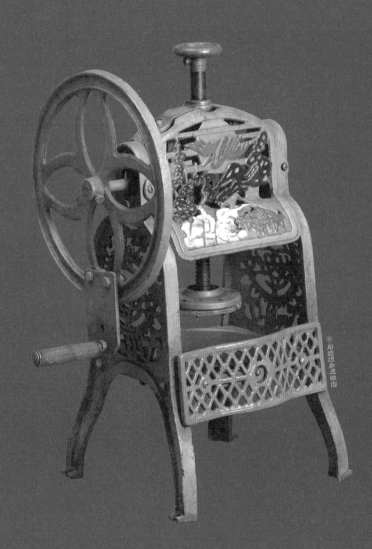

ⓒ 김한용(국가기록원 소장)

아이스께끼 장수.
아이스께끼 형 뒤로는 아이들이 졸졸 쫓아다녔다.

혼합해서 판매했다. "아이스께끼~~ 얼음과자, 께끼나 하드!"
동네에 '께끼 장수'가 나타나면 아이들은 헐레벌떡 집으로 뛰
어 들어가 고무신과 녹슨 그릇 등을 갖고 나와 아이스케키와
바꿔 먹었다. 어린 눈에는 집 안의 모든 것이 순식간에 고물
로 보이지 않았을까. 세간과 맞바꿔 먹었다고 부모에게 혼나
는 아이도 많았다.

중학생 정도 나이의 까까머리 학생들이 용돈을 벌기 위
해 네모난 아이스케키통(빙과통)을 어깨에 짊어 메고 다녔다.
통의 겉 부분은 나무나 철판으로 만들었고, 속은 스티로폼

아이들의 사랑을 독차지한 아이스크림

으로 제작되었다. 아이스케키는 이렇게 노상에서 판매하기도 하고, 가게, 제과점이나 소규모 공장에서 판매하기도 했다.

영원할 것 같았던 아이스케키 시장에 1962년 신개념 제품이 등장한다. 삼강은 국내 최초로 위생 설비 시스템을 갖춘 자동화 아이스크림 공장(삼강유지화학)을 설립했다. 그리고 전설의 '삼강 하드'를 출시하면서 한 시대를 풍미했다. 이때부터 '하드'라는 말은 우리나라에서 아이스크림을 지칭하는 보통명사로 자리 잡았다.

1970년에는 해태제과가 빙과업에 진출해 선두 주자가

해태제과 아이스크림 광고 포스터

되었다. 유가공 제품을 활용하여 만들어 비로소 '아이스크림'이 판매되기 시작했다. 해태는 아이스크림 제조기와 포장기 등 해외 설비를 들여놓고 대대적으로 공장을 설립하며 공격적으로 신제품을 출시했다. 이때 나온 아이스크림이 '부라보콘' '훼미리 아이스크림' '누가바'다. 특히 부라보콘은 2021년 기준으로 쉰한 살이 넘어가는 대표적인 장수 아이스크림이 되었다.[18] 빙과업뿐 아니라 음료업, 제과업은 모두 1960~1970년대를 거치면서 대기업으로 성장했다.[19]

정부 지원으로 해외 설비를 도입하면서 냉동 기술과 유제품 가공 처리 관련 제조 기술은 근대화되었다. 현재 제과업 분야의 대기업들은 대부분 이 시기에 기틀을 다졌다고 볼 수 있다. 제품의 생산뿐만 아니라 유통까지 관리하고 대량생산 체계와 전국적 판매 조직을 구축하면서 대형 식품회사로 급성장했다. 이때 출시된 제품들은 아직까지 소비자들의 곁을 지키고 있는 롱런 히트Long-run Hit 제품으로 사랑받고 있다. 그 세월과 추억의 맛은 반세기 동안 대물림되며 3세대를 거치고 있다.

아이스크림은 어떻게 이처럼 오랫동안 인류에게 사랑을 받아올 수 있었을까. 우리 곁에 가벼운 먹거리로서 이처럼 장수해온 식품이 또 있을까. 그 차가움과 달콤함의 환상적인 조합. 아마도 사람들은 가슴 한편에 간직하고 있는 그리운 시절을 달콤한 아이스크림을 통해서 달래며 추억을 공유했던 게 아닐까.

81

아이스크림을 먹는 아이를 안고 있는
엄마의 모습(1991)

계단에서 아이스크림을 먹는 아이(1972)

**승차장에서 쭈그려 앉아
아이스크림을 먹는 할머니(1975)**

길거리에서 아이스크림을 먹는 사람들(1977)

짠순이 복길네
냉장고 들이던 날

짠순이 복길네가 모처럼 잔치를 벌였다. 덕분에 동네 총각들이 시끌벅적 막걸리판을 벌인다. 얼마나 좋은 일이 생겼길래 다들 모였을까. 바로 오늘 복길네가 냉장고 안착식을 한 것이다. 1987년 양촌리의 푹푹 찌던 어느 여름날, 복길네가 마을에서 꼴찌로 냉장고를 들였다. 요즘 사람들은 냉장고가 무슨 대수냐고 하겠지만, 이렇게 잔치라도 해야 냉장고를 탈 없이 오래 쓸 수 있다는 것이었다. 당시에는 냉장고를 귀중한 재산으로 여겼으니 안착식이 꽤나 대수로운 일이었을 것이다.

복길네가 얼마나 짠순이인지 들어나 보자. 이웃 친구들은 예전부터 복길 엄마(일용 처)한테 냉장고와 세탁기가 여름에 편하다며 하나 장만하라고 얘기했지만, 복길 엄마는 얼른 돈 모아서 밭과 논을 사야 한다며 반대했다.

"훨씬 경제적이구, (복길 엄마) 봐요. 김치를 한번 담그면 일주일 싱겁거든? 그러니깐 버리는 것도 없고, 일손도 안 들고."

냉장고를 사면
온 동네 소문이 나서 모두 구경하러 모이곤 했다.

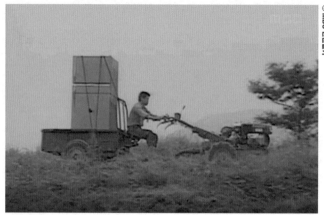

장에서 중고 냉장고를 사오는 일용이

"맞아. 매일 아침 김치 담는 수고, 그야말로 헛수고지 뭐."

"그래. 큰맘 먹고 사버려요, 응?"

이웃들이 악마의 속삭임처럼 달콤하게 복길 엄마를 꼬시지만 만만찮은 복길 엄마가 대답한다.

"그럴까 저럴까 나도 생각을 해봤는데…… 역시 아니야. 지금 산다고 해봐. 나중에 몇 년 지나면 또 사야 한다며? 그리고 냉장고 사가지고 써보면 좋으면 세탁기 놓고 싶을 거고, 세탁기 사서 써보고 좋으면은 또 칼라 텔레비전도 보고 싶을 거고, 전화도 놓고 싶을 거고…… 아휴, 안 돼! 딱 잘라야지. 눈 딱 감고 나면 하나도 안 사도 되는 거야."

하여간 알아줘야 하는 복길 엄마다. 심지어 복길네는 그동안 이웃집 냉장고에 김치를 보관해 같이 쓰면서 지냈다고 한다. 그러니 아침에 이웃집에서 늦게 일어나면, 눈치 보느라 말도 못 하고 맡겨둔 김치도 꺼내가지 못한 일이 다반사. 하물며 일용엄니(복길 할머니)는 쉰밥을 씻어서 다시 먹거나 쉰 나물을 먹고 배탈 나기가 일쑤였다. 보다 못한 일용이가 두 짠순이(일용엄니와 일용 처)에게는 비밀로 하고 시장에 간다.

일용이가 큰마음 먹고 냉장고를 샀다는 걸 모르는지 논밭에서 쉬고 있던 동네 어르신들끼리 대화를 나눈다.

"저 녀석, 저기 뒤에 실은 게 냉장고 아니냐?"

"어, 맞다. 냉장고다."

"허허, 지 논 한 자락 없는 녀석이…… 냉장고부터 사들이는구먼, 허허!"

그러자 한 어르신이 무슨 소리냐며 대꾸한다.

"논 없으면 냉장고 쓰지 말라는 법 있냐? 그런 소리 마라."

"그럼. 편한 세상인데 왜 안 쓰고 살고 싶어."

"아, 편한 거 좋은 것만 찾다가 외상들 지니깐 하는 소리지!"

"우리 며느리도 김치밖에 넣어놓은 거 없는 냉장고를…… 그 욕심은 또 커서, 집채만 한 것을 들여놓고는 2년을 갚았다는 게 여태도 덜 갚았다더라! 무슨 짓들인지, 원……."

월부로 가전제품을 사기 시작하는 마을 사람들을 걱정하는 어른들의 염려도 볼 수 있다. 하지만 냉장고를 처음 들이는 그 기쁨을 누가 말리겠는가. 난생처음 냉장고에서 얼음이 만들어지는 걸 보면서 얼마나 행복했을까. 냉장고 없이 그동안 어떻게 여름을 보냈나 싶었을 것이다.

89

**난생처음 냉장고에서 만들어진 얼음을 보고
신기해하는 일용엄니**

냉장고에서 만들어진 얼음을 보며 일용엄니가 말한다.

"희한한 일이다! 희한한 일이여. 아무리 전기로 얼린다고 그러지만…… 시상에 이렇게 금방 얼음이 되냐! 이 복중에 안 그러냐? 애비야!"

"(한껏 웃으며) 그러니까, 냉장고죠. 한 시간 조금 넘었는데 얼었네. 성능이 아주 좋은가봐 이거."

기쁜 마음도 잠시 중고 냉장고라서 전기요금이 많이 나올 것 같다는 말에 걱정이 앞선다. 복길 엄마가 걱정하며 물어본다.

"그래도 여름 한 철 쓰는 거잖아?"

"어이구. 그건 안 그래요, 형님. 중고는요 1년 내 약하게라도 전기를 돌려야지 수명이 길대요. 그러지 않고 켰다 껐다

하면요, 이내 망가진다는데요."

둘의 대화를 보니 당시에는 냉장고를 여름철에만 쓰는 집도 많았던 듯하다. 괜히 짠순이겠는가. 밤에 냉장고 돌아가는 소리에 두 고부는 쉽게 잠도 못 이룬다.

"밤이라 조용해서 그럴 거예요, 어머니. 들어가 주무세요."

"난 잠도 올 것 같지도 않다. 윙~~ 하는 소리 나면······ 이게 다 돈 들어가는 소리 아니냐. 전기 돌아가는 소리. 윙~ 소리가 나면 종이돈 세는 소리 같고. 짤짤짤~ 물 흐르는 소리 나면 동전 세는 소리 같고······ 그 소리가 나는 거 계산하다보니까는, 얼마나 돈 들어가나 계산해보니까 걱정되니까 잠이 오냐?!"

"저도 그래요. 어머니."

뭔가 특단의 조치가 필요했다. 이렇게 계속 불편하게 지낼 수만은 없지 않은가. 며칠이 흘러 일용엄니는 대낮부터 화가 났는데, 왜 그런가 하니 손녀 복길이가 뭔가 잘못한 것 같다.

"고장 났구먼 이거. 냉장고 문을 하도, 이놈의 지지배 들락달락으로 열어싸니까 냉장고 이놈의 거 고장났잖아! 너 하루에 몇 번씩이나 여냐?"

어린 복길이가 대답한다. "열어봐도 먹을 것도 없다."

"냉장고가 너너너······ 뭐 아이스크림 넣어놓는 냉장고야? 네 먹을 것만 다 넣어놓게! 이거 고장 났어, 큰일 났네."

결국 일용엄니는 AS를 불렀다. 하지만 출장 나온 기사가 잠시 냉장고를 살펴보더니, 냉동실 온도 조절을 최하로 해놓으니까 얼음이 얼지 않는 거라고, 사용법을 먼저 알아야 한

전원일기 마지막회 종영 후 단체 사진

다며 핀잔을 주고는 돌아갔다. 무안했던지 일용엄니는 밭일에서 자식 내외가 돌아오자마자 냉장고 사용법을 일러준다. 그러자 복길 엄마가 우리 집에 무슨 얼음이 필요하냐며, 전기세 아끼려고 일부러 돌려놨다고 대답한다. 뛰는 시어머니 위에 나는 며느리, 찐짠순이는 복길 엄마였다.

　무안을 당했던 일용엄니가 다시 슬쩍 냉장고 앞에 다가왔다. 일용엄니를 확인한 복길 엄마가 묻는다.

　"아니, 그게 뭐예요, 어머니?"

　"이거? 도토리 나뭇잎이다."

　"뭐하시게요?"

　"이것을 냉장고에 넣어놓으면 김치 냄새, 신 냄새 이런 것이 쪽 빠진단다."

　"그래요?"

"그리고 뭣이냐. 야, 참기름 이런 거는 그냥 소금독에다 쿡 찔러놔도 안 상한단다. 뭐하러 비싸게 전기세 물어나가면서 참기름 이런 걸 냉장고에 넣어놓냐?"

"(살며시 웃으며) 어디서 들으셨어요?"

"아, 나도 배웠지. 아는 것이 힘이다."

남의 집 안방을 내 집처럼 생생하게 들여다보는 드라마가 있을까. 마을 구성원들의 삶과 역사를 20년 동안 고스란히 담은 드라마가 있었다면, 과연 어린 친구들이 내 말을 믿을까. 우리에게는 바로 「전원일기」가 있었다. 1980년 10월부터 2002년 12월까지 무려 22년 2개월간 방영된 역대 최장수 프로그램이다(1088회). 마치 고향에 계신 부모님의 삶을 그대로 들여다보는 듯해 인기를 끌었다고 한다. 그렇게 우리의 추억을 간직한 드라마에서도 냉장고에 얽힌 이야기는 빠지지 않는다.

김치냉장고에
숨은 과학

독과 항아리는 질(점토)로 만든다. 질은 곧 근본이다. 그
중에서도 강이 바다로 흘러 들어가는 지점의 흙이 가장 좋다
고 말한다. 옹기는 항아리류를 포함한 상위 개념으로 쓰인다.
옹기는 주로 가마 안에서 불을 때서 만든다. 가마 안의 화력
은 순차적으로 세지면서 섭씨 1200도 이상의 고온에 도달하
여 옹기를 굽는다. 이때 옹기의 기벽에 미세한 숨구멍이 만들
어진다. 가마에서 옹기를 구울 때 점토 속에 있던 물이 증발
해 날아가면서 그 자리에 구멍이 생기는 것이다. 그래서 우리
는 흔히 '옹기가 숨을 쉰다'고 표현한다. 벽면의 숨구멍으로
공기, 미생물, 효모 등이 통과하면서 미생물의 활동을 조절해

주고 발효를 돕는 걸 의미한다.

옹기는 온도와 습도를 조절할 수 있다. 발효식품을 썩지 않고 오랫동안 숙성시킬 수 있다. 또한 가마 속에서 연소하는 과정에서 생기는 탄소와 연기가 옹기를 휘감으면서 방부성 기능도 높여 준다.[20] 정리하자면 옹기는 저장성·통기성·보온성·방부성이 뛰어난 도기陶器인 셈이다. 더욱이 옹기는 단열도 뛰어나서, 여름철 직사광선이나 겨울철 추운 바깥 온도에도 강하다. 따라서 집 밖에 두고 사용할 수 있어 활용성도 높다. 본래 흙으로 만든 것이기에 버릴 때도 부담이 없다. 닳아져서 버려야 하는, 마지막까지 자연환원적인 특성마저 지니고 있다.[21]

이렇듯 지혜가 담긴 옹기를 우리 조상들은 생활 속에서 항상 곁에 두고 사용해왔다. 음식이나 술을 담는 그릇부터 양념, 수저, 씨앗을 담는 저장 그릇까지 식생활 속에서는 물론이고, 화로, 굴뚝, 의약 기구 등 일상생활에서도 함께했다.

옹기에 담긴 음식물은 신선도나 맛에서 다른 그릇에 담긴 것보다 월등하다. 특히 김치는 장독에 최적화된 식품이다. 김장독 김치는 그중에서도 단연 최고다. 김치가 숙성되는 과정에서 젖산균이 발효되면서 이산화탄소가 배출되는데, 적정량은 장독 바깥으로 배출하고 일부는 김치의 국물 안에 녹여주는 역할을 장독이 해준다.

지금이야 겨울철에도 마트에 가면 싱싱한 채소를 쉽게 구할 수 있지만, 옛날에는 겨울에 채소 재배가 불가능했다. 채소에서 나오는 비타민과 무기질을 보충해야 했는데, 선조

95

들은 이러한 문제를 생활의 지혜로 슬기롭게 헤쳐나갔다. 이것이 바로 김치라는 채소 저장식품이 탄생하게 된 배경이다.

　이러한 전통 지식은 우수성을 인정받아 2013년 유네스코 인류무형문화유산에 등재되었다. 엄밀히 말해서, 등재된 건 김치가 아니라 '김장, 김치를 담그고 나누는 문화'였다. 김장 문화가 한국 사회에서 가족과 이웃의 협력 및 결속을 강

나주 남파고택의 종부가 직접 담근 장과 장독대

화하는 데 이바지한 의의를 인정받았기 때문이다. 물론 김치 자체의 맛과 식품의 우수성은 두말할 필요도 없다.

　우리 조상들은 봄철에는 새우나 멸치 같은 해산물을 소금에 절이고 발효시켜서 젓갈을 담갔고, 여름에는 천일염을 구해서 쓴맛이 미리 빠지도록 조치했다. 늦여름에는 빨간 고

추를 말려서 가루로 빻아두었다가 늦가을이 되면 날씨를 정하고 김치를 담갔다. 가을에 수확한 채소를 겨우내 오랫동안 보존하고 먹기 위해서 발효식품인 김치를 만든 것이다.

모든 과정이 중요하겠지만 그중에서도 기본은 배추 절이기다. 배추가 잘 절여지면 발효가 잘되기 때문이다. 배추를 소금에 절이면 수분도 빠지고 거의 모든 박테리아가 죽는다.

유일하게 살아남는 박테리아가 바로 김치를 맛있게 익히는 유산균이다.[22]

습기는 채소를 쉽게 상하게 한다. 박테리아가 축축한 유기물에서 번식하기 때문이다. 채소를 소금에 절이면 삼투작용으로 채소에서 물과 세균이 빠져나온다. 삼투는 액체가 막

97

유네스코 인류무형문화유산에 등재된 김장 김치

으로 분리될 때 일어나는 현상을 말한다. 이를테면 우리가 스테이크를 구울 때 소금으로 간을 치는 것과 같은 이유다. 고기를 맛있게 구우려면 고기의 수분을 제거해야 하는데, 고기 표면에 소금을 뿌리고 기다리면 삼투현상으로 수분이 나온다.

배추나 무와 같은 채소를 소금에 절이고, 젓갈류를 비롯한 각종 양념과 버무려서 밀폐된 장독에 잘 넣어주면 미생물이 발효를 일으키면서 유산균이 성장한다. 여기서 유산균은 사람에게 유익한 세균을 가리키는 일반 명칭이다. 이렇게 유산균이 천천히 번식하면서 젖산을 생성하는데, 이 젖산이 김치 특유의 맛과 향을 낸다. 마치 화학 반응이 차려낸 잔치 같다.

우리 선조들은 겨울이 되면 김장독을 땅속에 묻었다. 영하의 날씨에 김치가 얼면 먹을 수가 없고, 반대로 온도가 너무 높으면 빨리 시어버리기 때문이다. 적정한 온도에서 2~3주 동안 김치를 숙성시켜야 제맛이 난다. 김치의 맛을 내는 데 가장 중요한 것은 유산균의 활동인데, 영하 1도를 유지하면 유산균이 김치를 맛있게 만들어준다고 한다. 유산균이 낮은 온도를 좋아하기 때문이다. 유산균이 너무 많아져도 김치에서 신맛이 나므로 적정 온도를 유지해주면 그 수가 늘지 않는다. 김치에 관한 각종 연구 결과를 봐도 김치의 숙성을 파악할 수 있는 척도는 산도ph에 있다는 것을 알 수 있다.

그런 까닭에 우리 선조들은 땅속에 김장독을 묻은 후 짚으로 그 주변을 움집처럼 만든 '김치광'을 사용했다. 한겨울의 온도가 섭씨 영하 10도 이하로 떨어져도, 땅속 30센티미터 정도의 깊이에서는 영하 1도를 유지하기 때문이다. 바로 김치 유산균이 활동하는 데 가장 적정한 온도다. 김치광은 보통 부엌 뒤에 만들어두었는데, 주로 경기도나 충청도 지역에서 많이 이용했다. 자주 드나들기 편하게 거적문도 설치해서 집 형태로 만들었다. 지열을 이용해 김장독이 얼지 않게 하고 움집을 만들어서 바람과 눈막이 역할을 했다.

조상 대대로 이어져 내려온 삶의 지혜 덕분에 우리는 겨우내 신선한 김치를 먹을 수 있었다. 그리고 지금까지 김치냉장고가 옹기와 김치광의 맥을 잇고 있다. 한국에서만 볼 수 있는 독특한 형태의 냉장고가 탄생한 것이다.[23] 김치냉장고는 김장독의 핵심 원리인 온도를 정확히 파악해서 현대 기술로

99

충청남도 아산시 송악면 평촌리의 김치광(1985)

구현했다.

김치냉장고는 땅속에 묻은 장독과 유사한 환경을 유지하는 게 관건이었다. 온도를 감지하는 센서를 통해서 일정 온도를 유지한다. 김치를 가장 맛있게 보관할 수 있는 온도인 섭씨 영하 1도를 유지하는 것이다. 반면 일반 냉장고는 다양한 식품을 함께 보관하기 때문에 자주 여닫을 수밖에 없는데, 그럴 때마다 바깥 공기가 들어가면서 냉장실 온도가 오르락내리락한다. 일반 냉장고 내부는 평균 섭씨 5도다. 김치 보관용 냉장고 칸이 따로 필요한 이유다.

또한 김치냉장고의 문도 김장독 특징을 반영했다고 볼 수 있다. 뚜껑형 김치냉장고는 위에서 문을 여닫을 수 있도록 만들었는데, 차가운 냉기가 공기보다 무거운 원리를 이용한 것이다. 위에서 문을 여닫으면 냉기의 증발을 막아 온도의 차이를 최소화한다. 이는 장독의 주둥이를 작게 해 공기와의 접촉을 막고 온도차를 줄이는 원리를 이용한 것이다.[24]

김치의 숙성 과정에서 발생하는 기포를 측정하는 센서도 개발되었다. 김치의 숙성 정도를 파악하려는 목적이었다. 이러한 기술은 '김치냉장고의 발효 및 저장 기능 제어 시스템'이라는 특허로 출원되었다(1989년 삼성전자).[25] 시간에 따른 기포 발생량의 변화를 측정해 발효 곡선을 그리고, 그것을 분석해 온도 제어 알고리즘을 만들어 최적의 김치 발효 상태를 조성하는 것이다. 게다가 김치냉장고는 김치를 격리해 다른 음식에 김치 냄새가 배는 것도 방지하게 해줬다. 김치의 강한 냄새가 냉장고 안의 다른 식품에 배어드는 것이 당시 생

101

활에서 큰 불편으로 자리 잡았기 때문이다. 정리하면 김치의 익힘과 보관, 탈취 기능을 특화한 냉장고라고 할 수 있다.[26]

최초의 김치냉장고는 1984년 금성사(현 LG)가 GR-063이라는 모델명으로 출시했다. 그러나 당시까지만 해도 단독주택에 거주하는 게 일반적이다보니 김치냉장고가 큰 주목을 받지는 못했다. 집 마당에 김장독을 쓰는 집이 여전히 많아서 김치냉장고의 이용률은 낮을 수밖에 없었다. 내 어린 시절, 아파트로 처음 이사 간(서울, 1991년 즈음) 뒤에도 어머니께서는 한동안 베란다에 김장독을 두셨던 기억이 있다. 김장독은 내가 축구공으로 깬 뒤에야 우리 집에서 자취를 감췄다(고의가 아닌 사고였다).

시간이 흘러 다른 기업에서도 앞다투어 김치냉장고를 출시했지만 가장 큰 성공을 거둔 것은 1995년 만도기계에서 나온 '딤채(CFR-052E)'라는 브랜드였다.[27] 제품 자체의 기능도 우수했겠지만, 당시 아파트 건설 붐에 힘입어 성공했으리라는 사회적 배경도 있다.

1970년대 중반부터 잠실을 비롯한 서울 강남 지역에 대규모 아파트 단지가 건설됐고, 1990년대 들어 분당·일산·평촌 등 대규모 아파트 지구가 조성되었다. 아파트 중심의 주거 문화가 김치냉장고 대중화의 바람을 불러일으킨 것이다. 공간이 좁은 아파트에서는 집 안에 장독대를 설치하기 어려웠고, 주거 공간의 제약에서 오는 김치의 저장 문제가 대두되면서 김치전용 냉장고의 필요성이 생겼다. 즉 소비자의 시대적 욕구가 기술의 진보를 가져온 것이다. 업계에 따르면(2018년 기

아직도 중금속 유독성과
납성분의 毒성이 유출되는
재래식 오지독에 김치를
담그시나요?

한일 다목적 용기, 정말 편리하고
위생적인 제품입니다.

○ 다목적으로 사용할수 있도록
　최신형으로 보강.
○ 다양하게 저장할수 있으며
　레져용으로 사용가능.
○ 뛰어난 색상과 우아한 디자인.
○ 보온단열재및 특수패킹을 사용.
○ 제질은 표리해칠렌리 스텐레스
　스틸27종을 사용하여 제질지않고
　인체에 전혀해롭지않아 위생적입니다.

소비자권장가격
○ 특대형 60ℓ : 59,000원
○ 대　형 40ℓ : 44,000원
○ 중　형 32ℓ : 32,000원
○ 소　형 12ℓ : 24,000원

○ 아이스박스 대통

○ 손쉽고 간편하게 운반

`"83년도 최신형을 선보입니다"`

비교해 보세요 !
한일스텐레스 제품은 확실히 우수합니다.

우수한 제품만이 여구 발받는 중멍받기 추천제에서

ⓢ 한일스텐레스 (주)

본사 : 서울특별시 용산구 한남동 653-7
　　(한일빌딩5)　　TEL. 793-8062~3
　　(대)　795-1901~7 92-7001~6
공장 : 인천직할시 북구 효성동 33-2
　　TEL. 92-7001~6

○ 더운 플식음을 보온

○ 야유회, 낚시등 레져용

한일 김치독 광고

준), 현재 우리나라 김치냉장고 시장 규모는 연간 1조5000억 원이 넘으며, 판매 대수는 120만 대 정도에 달한다.

냉장고와 식문화를 조사하면서 일본의 음식인류학자인 아사쿠라 도시오 리쓰메이칸대학 교수를 만날 기회가 있었다. 그는 1979년에 처음 한국을 방문한 이후 계속해서 한국 사회의 변화를 연구해왔다. 한국의 부엌과 음식 문화에 관심을 가졌는데, 음식 문화의 변화를 살펴보면서 한국 사회의 단면을 들여다보고자 했다. 특히 그는 일본의 저명한 문화인류학자인 이토 아비토와 함께 전라남도 진도의 옹기에 관해서 대대적으로 조사하기도 했다.

그는 1990년대에 오사카 국립민족학박물관에서 근무하던 시절 한국의 김치냉장고를 수집했던 기억을 떠올렸다. 다양한 종류의 김치냉장고를 찾았는데, 결국 일본으로 가지고 간 것은 앞쪽 사진에서 보는 것과 같은 김장독 모형의 제품이었다고 한다. 현재 우리가 즐겨 사용하는 직사각형의 김치냉장고와는 거리가 멀다. 그의 관심을 끌었던 것은 기술이나 성능보다 한국 고유의 김장독 전통을 계승한 제품이 아니었을까.

여자라서 행복해요.
여자라서 행복하세요?

코로나19 팬데믹 이후 야근을 줄이고 집에서 와이프랑 꽁냥 꽁냥 저녁을 만들어 먹는 날이 많아졌다.

"혹시 여자라서 행복해요, 라고 했던 냉장고 광고 기억 나?" 옆에서 야채를 다듬고 있던 아내에게 물어봤다. "그럼, 기억나지. 근데 그게 냉장고 광고였나?" "응, 냉장고 광고였어. 심은하 나오잖아!" 아내는 잠시 놀라며, "아, 심은하였어? 이 영애 아니고?" "응, 심은하! 근데 그 광고 문구를 지금 쓰면 어떻게 될까?" "미쳤어, 혼구녕 날라고?"

고급스러운 부엌에서 치즈, 빵 조각, 맛있는 퐁뒤 요리 를 즐기고, 우아한 욕조에서는 편안하게 누워서 와인을 마시 며 휴식을 취하는 여성(배우 심은하)이 광고에 등장한다. 배경 음악으로는 소프라노 조수미가 2000년에 발표한 뮤지컬 음 반《온리 러브》중에서 The Bohemian girl, Act 2: "I dreamt I dwelt in marble halls"(나는 대리석 궁전에서 사는 꿈을 꾸었

**LG전자 디오스
2001년 광고**

네)가 흐른다. 광고는 우아한 음악과 함께 "여자라서 너무 행복해요"라는 말로 마무리된다. 당시의 냉장고 광고의 대부분은 제품 기능을 설명하는 데 충실했던 터라 파격적인 콘셉트를 선보였던 광고로 기억한다. 여성이 꿈꾸는 행복한 삶에 관한 이상적인 이미지가 표현됐는데, 마치 고급 냉장고를 가지면 행복해질 것이라는 환상에 빠지게 된다. 퐁뒤는 당시에는 매우 생소한 요리로, 몇몇 스위스 요리 전문 레스토랑이나 일류 호텔에서만 맛볼 수 있었던 음식이다. 즉 고급스러운 이미지 연출에는 제격이었던 것이다.

광고에서 두 번째로 눈에 띄는 점은 냉장고 광고에 주부가 등장하지 않는다는 것이다. 이전 광고에서는 대부분 주부가 모델이었다. 냉장고의 주인은 주부라는 인식이 컸기 때문이다. 그러나 이 광고는 다르다. 여성들의 사회 진출이 늘어나기 시작했던 2000년 밀레니엄 시대를 반영한 것이다. 과거의 '주부'라는 틀에서 벗어나고자 하는 탈脫주부적 움직임과 주부가 아닌 여성으로서의 정체성을 찾고자 하는 시대 상황

106

과 맞물려 본다면 과장된 해석일까. 이유를 막론하고 '엄마라서 행복해요'라든지 '주부라서 행복해요'라는 표현은 쓰지 않았다.

이게 무슨 대단한 것이라고 유난을 떠냐고 볼 수 있겠지만, 광고가 만들어진 해인 2001년에서 정확히 10년 전으로 되돌아가보자. 가수 김국환은 〈우리도 접시를 깨뜨리자〉라는 곡을 발표했다. 남편도 부엌에 가서 설거지하면서 아내를 돕자는 계몽적인 노래였다. 주부들에게 찬사받았던 곡인데 가사를 한번 살펴보자.

> 자 그녀에게 시간을 주자. 저야 놀든 쉬든 잠자든 상관 말고
> 거울 볼 시간 시간을 주자. 그녀에게도 시간은 필요하지
> 앞치마를 질끈 동여매고 부엌으로 가서 놀자……

노래 가사의 화자는 남성이다. 청자도 철저히 남성을 염두에 두고 쓴 것 같다. 첫 소절부터 남편이 아내에게 자유 시간을 허락해야 한다고 표현하고 있다. 물론 이마저 당시에는 파격적이어서 사회에 반향을 일으킨 곡으로 지금까지 회자되고 있다. 한국 가정이 얼마나 보수적이고 남성중심적이었는지 노래 한 곡을 봐도 알 수 있다.

다시 광고 이야기로 돌아가보자. "여자라서 너무 행복해요"라는 카피는 대한민국 냉장고 광고 역사상 파급력이 큰 광고로 손꼽히지 않을까 싶다. 당시 각종 연예 프로그램에서는 앞다투어 광고를 패러디했다. 이를테면 "여자라서 햄 볶아요"

107

와 같이, 주부의 현실은 광고처럼 우아한 여성의 삶과는 거리가 있다며 풍자했다. 광고만큼이나 사랑받았던 패러디다.

사람들은 어떤 면에서 광고와 현실 사이에서 괴리감을 느꼈을까. 여성이 남성처럼 사회에 진출해도 사회가 여성에게 주는 부담은 여전했다. 아니, 오히려 증가했다. 맞벌이 여부를 떠나 주부들이 가사에 할애하는 시간적, 정신적 에너지는 절대 줄어들지 않았다. 여전히 햄 볶고 요리하는 주체는 여성이었다.

가사의 관리자이자 책임자는 늘 주부였다. 여성은 합리적인 가정 관리 능력을 갖춘 전문 경영인이 되어야 한다. 때로는 경제적이면서 스마트한 소비자가 되어야 하고, 남편의 기를 살릴 줄 아는 퍼실리테이터, 인문예술의 융복합적 교양을 갖춘 교육보조자, 친인척과 지역사회의 연계자인 코디네이터 역할도 수행해야 한다. 주부들의 가사에 대한 기대 수준은 사회가 발전할수록 계속해서 높아졌다. 슈퍼맘의 탄생 배경이다.

집은 전쟁터(회사)에서 돌아오는 남편이 편안하게 쉴 수 있는 안식처가 되어야 했다. 남편은 직장생활에만 전념할 수 있도록 배려한 것이다. 동시에 아내는 희생적인 어머니가 되어야 했다. 아내에게는 남편의 출세와 성공, 자식의 눈부신 앞날이 무엇보다 중요했고, 자기 자신의 삶을 위하기보다는 가족을 위해 평생 그림자처럼 헌신하며 살아갔다.

가족의 성공 과정에서 생기는 여러 어려움은 (중산층에서 상류층으로) 신분 상승을 하면 모두 해결되리라는 믿음을 갖고서 인내한다. '고급 냉장고를 살 만큼 여유 있는 삶이면 행복해질 수 있다'고 마치 주문을 외우듯 하면서 말이다. 행복한 가정은 결국 성공이라는 경제적 조건이 전제되어야만 유지될 수 있다고 광고 기획자는 말하는 것일까.

2000년대 초반 한 시대를 풍미했던 광고 카피는 현재는 금기의 주제가 되었다. 더구나 여자라는 존재가 냉장고라는 가전제품에 좌지우지되어서는 안 되며, 냉장고는 여성의 전유물이라는 인식도 사라졌다. 그리고 좋은 냉장고가 있다고 해서 행복해지는 것은 아니라는 것쯤은 모두가 알아버렸다.

다시 우리 부부의 대화로 돌아가본다.

"냉장고 주인은 이제 여자가 아니잖아? 우리 집만 보더라도……." 나는 떳떳하다는 듯 아내에게 물었다. 요리를 비롯해서 내가 가사에 많이 동참하고 있다고 생각했기 때문이다. 내심 아내의 반응을 기대했으나 다소 냉소 섞인 답이 돌아왔다. "그렇지. 남녀 구분이 없어야지 당연히. 오빠 생일에 누가 선물로 김치냉장고를 사준다면 좋겠어? 무슨 말인지 이해했지? 오빠 생일에 김치냉장고 사줘볼까?"

정말 적절한 예시였다. 정곡을 찌르듯 아내의 말이 가슴에 확 와닿았다. 난 아직도 멀었나보다. 오늘도 아내에게 배운다. 냉장고는 누군가를 위한 선물이 될 수 없다. 냉장고는 마땅히 그 자리에 있어야 할 존재일 뿐이다.

3장

당신의 냉장고를
열 어 라 !

Open your Fridge!

"중학교 때부터 자취했는데, 연탄 아궁이에 풍로에 냉장고 없이
밥해 먹고 도시락도 싸갔다. 그런데 어떻게 그게 가능했는지 기억이 안 난다.
우리 애들은 냉장고에 가스레인지까지 있는데 대학생이 되어서도
엄마가 차려주지 않으면 반찬도 못 만든다."

칼럼 댓글 중에서

종갓집 냉장고와
내림 음식

종갓집도 명맥이 끊겨가는 시대인 터라 오랜 세월 대를 거쳐 내림 음식을 지켜오고 있는 가문은 그리 많지 않다. 전라남도 나주의 남파고택에 이 집만의 내림 음식이 있다고 해서 찾아 나섰다. 그들이 지키고자 했던 가문의 전통은 무엇인지 궁금해졌다.

이곳은 고택을 지으신 고조할아버지의 호, 남파南坡를 따서 남파고택이라고 부른다. 현재 종손은 남파고택의 9대 종손으로 밀양 박씨 청재공파 15대손이다. 조상의 대를 이어한 집터에서만 200년 넘게 지낸 가문이라고 나주에서는 소문이 자자하다. 약속을 잡고 방문하던 날, 종부 강정숙 여사와 차종부인 며느리가 함께 제사 음식을 정성스레 준비하고 있었다.

처음에는 나주 시내에서 멀지 않은 곳에 고택이 남아 있다는 사실에 놀랐고, 대문 안으로 들어서서는 고택의 전체

**문을 걷어 올린 남파고택 대청마루의 모습.
강정숙 종부가 음식을 준비하고 있다.**

규모에 다시 놀라지 않을 수 없었다. 3000제곱미터의 대지에 안채, 사랑채, 초당, 문간채 등 총 7동의 건물이 있다. 과연 전라남도에서 단일 건물로는 최대 규모라고 자랑할 법했다. 이렇듯 남파고택은 호남 지방 상류층 가옥의 구조와 형태를 고스란히 간직하고 있어 2009년 국가민속문화재 제263호로 지정되었다.

기분 좋은 햇빛이 들자 며느리는 안채의 문을 모두 걷어 올렸다. 대청마루에 걸터앉아 청량한 가을 하늘을 올려다보

113

**마루에 앉아 고추전을
요리하는 강정숙 종부**

았다. 종부께서도 집에서 이곳을 가장 좋아하신다고 했다. 제
사 음식을 준비하면서 그녀는 이야기보따리를 풀기 시작했다.

밀양 박씨 가문은 이 터에서 8대째 살고 있고, 종부인 본
인은 시집온 뒤 40년 넘게 한옥에서 지냈으며, 한 번도 이사
하지 않고 마을을 우직하게 지켜왔다는 등 재미있는 이야기
가 끊이지 않았다. 종부는 본격적으로 제사 음식의 기본인
전과 떡갈비를 요리하기 시작했다. 전은 세 가지로, 육전(소고
기), 고추전, 어전(동태)을 준비했다. 제사 음식 만들 때 제일
중요한 전은 꼭 세 가지를 기본으로 준비한다는 것이다. 제사
상에 올리는 음식의 수는 보통 홀수인데, 다섯 종류의 전은

준비하기가 너무 벅차고, 한 가지는 조금 초라해 보여서 보통 세 가지씩 올린다고 한다.

제사상에 올리는 또 다른 주인공은 떡갈비였다. 떡갈비는 담양을 비롯한 전라남도의 대표 음식으로 알려져 있다. 만들 때 갈빗살을 곱게 다진 후 떡을 치듯 뭉치는 과정에서 이름이 유래됐다는 설이 있고, 만들고 난 모양이 떡과 같다고 해서 떡갈비라고도 부른다.

남파고택에는 두 개의 부엌이 있다. 하나는 안채에 있는 오래된 부엌이고, 다른 하나는 안채 옆쪽에 입식으로 작게 만든 신식 주방이다. 부뚜막이 있는 전통 부엌은 지금도 사용하고 있다. 심지어 새벽마다 조왕신께 바치는 정화수도 조왕그릇에 올린다고 한다.[1] 난방도 옛날 방식 그대로 불을 때서 쓴다. 연기나 그을음은 연도煙道를 거쳐 마당에 설치한 옹기 굴뚝을 통해서 빠져나간다. 굴뚝에서 연기를 피우는 겨울이 되면 마당에서 바라보는 집은 또 다른 운치를 풍긴다.

입식 주방의 냉장고 안에는 이 집만의 내림음식이 있다. 대표적으로 반동치미가 있고, 그 외에도 다양한 발효 음식으로 톡 쏘는 맛이 일품인 홍갓김치, 나주배 보쌈김치, 파김치, 고춧잎을 넣은 집장, 멸치젓 등 조상 대대로 살아온 방식으로 만들어진 반찬들이 즐비했다.

뒷마당으로 슬쩍 돌아가니 재미있는 장면이 연출됐다. 얼핏 봐도 20개가 넘는 장독이 뒤뜰에 옹기종기 모여 있었다. 집에서 만든 된장과 간장, 고추장, 집장, 젓갈독 등이 다양하게 담겨 있다. 그것도 오래 묵힌 것부터 최근 것까지 순서대

115

남파고택의 전통 부엌

로 질서정연했다.

옆면에 문양이 그려져 있는 장독도 있다. 반달문이나 산형문山形文인데, 기교가 없어 순박한 것이 오히려 멋스러움을 자아냈다. 둥글넓적하고 아가리가 넓게 벌어진 질그릇을 자배기라고 부르는데, 이 집에서는 자배기를 장독의 뚜껑으로 사용한다. 자배기는 잔칫날이나 농사철에 여러 용도로 요긴하게 쓰이곤 했다.[2]

장독대 반대편 안채의 뒷마루에는 현대식 김치냉장고 두 대가 놓여 있다. 전통과 현대의 공존이다. 자연스럽게 냉장고

가 없던 시절이 궁금해져서 종부님께 물었더니 이야기가 이어져나갔다. 남파고택에서는 늘 일가친척이 함께 모여서 식사했다고 한다. 밥을 같이 먹는 식구만도 30여 명, 게다가 친척이 식솔까지 데리고 오면 수는 더 늘어났다. 모든 사람이 밥을 먹으려면 김치도 많이 담아야 했기에 김장독을 묻어서 사용했다.

냉장고가 없던 시절, 여름이 되면 김치를 보관하기 어려우니까 여름에 먹을 김치는 고춧가루를 치지 않고 보관했다. 배추를 소금에만 절여서 묻어놨다가, 먹을 때마다 하나씩 꺼내서 씻은 다음에 양념해서 김치를 바로 만들어 먹었다. 음식은 대체로 좀 짜거나 발효시켜야 상하지 않고 오래 먹을 수 있었다. 먼저 먹을 것은 조금 싱겁게, 나중에 먹을 것은 소금을 더 많이 쳤다. 번호를 붙여가며 정렬해뒀다가 순서대로 먹었다. 그러면서 장독의 개수가 자연스럽게 불어났다. 중간에 항아리를 열어보고 상하려고 하면 간장이나 액젓을 부어서 다시 간을 맞췄는데, 그러면 상하지 않고 오래갈 수 있었다.

종부는 아직도 간장과 된장, 고추장 등의 각종 장류는 물론이고 묵은 김치, 신건지(동치미) 담았던 무를 말려서 된장 속에 담은 장아찌, 그리고 단무지를 만들어 독에 담근다. 고택의 안채 뒤 북향에는 해가 들지 않아서 겨울에는 땅이 얼 정도로 춥다고 한다. 거기에 동치미를 항아리에 담아서 놔두면 마치 냉장고에 넣은 것처럼 시원하고 맛도 일품이란다. "그때는 지금보다도 훨씬 추워서, 냉장고 없이도 잘 지내셨을 거예요. 음식을 조금 짜게 하면 상하진 않으니깐…….그런데 여름에는 음식이 쉽게 상하기 때문에 참 어려웠지요. 특히 우리 집은 여름 제사가 있어서 더 까다로웠어요."

종부는 1974년에 결혼했고 혼수품으로 냉장고를 갖고 들어왔다. 남파고택에 처음으로 냉장고가 들어오던 날이었다. 고택과 현대식 냉장고는 서로 잘 어울려 보이진 않았지만, 종갓집으로서 많은 양의 음식을 보관하기 위해서 꼭 필요한 가전제품이었다. 특히 제삿날이 되면 많은 식구가 모이는데, 양이 부족해서 먹지 못하는 사람이 생기지 않도록 풍족하게 준비해야 했다. 그것이 모든 가족을 아우르는 종갓집

떡갈비 만드는 과정

의 의무였다. 인심 좋은 종갓집으로 기억될 수 있었던 데에는 냉장고가 한몫했다.

부엌을 입식으로 새롭게 만들기는 했지만, 본주방을 개축한 게 아니라서 규모를 크게 하지는 못했다. 그래서 제사처럼 많은 양을 준비할 때면 전통 부엌에서 요리해야 한다. 종부는 전통 방식이 꼭 불편한 것만은 아니라고 했다. 이를테면 가마솥에다 밥을 하면 누룽지가 솥단지만큼 크게 나오는데, 그 맛이 일품이란다. 하지만 요즘에는 식구도 많지 않고 전기밥솥으로 밥을 해서 누룽지가 나오지 않는단다. 예전에 즐겨 먹던 누룽지 맛이 부쩍 그립다는 말이다.

"요즘 많은 사람이 간편하게 사는 걸 볼 때마다 '나도 저렇게 아파트에서 편안하게 살면 좋겠다' 하고 생각할 때도 많죠. 그러다가도 이 집에 들어오면 내가 평생 살았던 곳이니까 편안하고, 조상께 물려받은 대로 그렇게 이어가야 하는 게 아닌가 그런 생각을 하면서 살아요."

편리함을 갈망하기도 하지만 계속해서 전통을 지켜나가고자 하는 종부의 의지를 엿볼 수 있었다. 전통의 아름다움과 진정한 가치는 지속과 성실에서 나온다고 생각한다. 그렇지만 전통을 고수한다는 건 누군가의 희생을 발판으로 한다는 걸 종부의 삶을 통해서 엿볼 수 있었다. 냉장고가 가사노동의 짐을 조금은 덜어주었을까.

120

점심시간 없애고
한 시간 일찍 퇴근하면 어떨까?

점심시간이 다가온다. 오늘은 뭘 먹을까. 누군가는 하루 중에서 가장 기다려지는 시간이라고 한다. 맛있는 걸 먹어야 스트레스가 풀린다나. 식사하면서 동료와 나누는 대화도 중요하다. 서로가 아군인지 적인지 탐색전을 펼쳐야 하고, 답답한 사내 규정과 제도에 대한 한탄도 적당히 풀어놔야 한다. 매일 해도 닳지 않는 연예계 이슈, 정치, 스포츠 등 각종 뉴스를 한 바퀴 훑고 나서, 상사 흉으로 마무리하면 별 반찬 없이도 맛있는 식사를 즐길 수 있다.

우리가 늘 시답잖은 잡담만 나누는 건 아니다. 한번은 점심시간을 없애고 일하는 게 어떨지 논의한 적도 있다.

"점심시간 없애는 건 어떻게 생각해요?" 하루 중에서 점심시간이 가장 좋다는 그 동료가 내게 물었다.

"아니, 갑자기 무슨 말이에요? 밥 맛있게 먹다 말고……"

"점심 1시간을 없애고 하루에 8시간(9~17시)만 일하자는 거죠." 갑작스러운 질문에 내가 당황하자, 갓 입사한 막내가 해맑게 웃으며 대화에 끼어들었다.

"그러면 우리 5시에 칼퇴하는 건가요?!"

정해진 식사 시간 없이 배고플 때마다 휴게실이나 각자 책상에서 간편하게 점심을 해결하자desktop dining는 취지였다. 도시락도 좋고, 패스트푸드나 인스턴트 음식은 반찬이 없으니까 컴퓨터 앞에서 일하면서 먹을 수도 있다. 마치 미국의 오피스 라이프처럼, 핫도그나 샌드위치를 먹으면서 일하자는 것이다.

퇴근 시간만 보장된다면 나쁘지 않은 제도라고 대부분 동의했다. 중간에 점심으로 맥을 끊지 않고 집중해서 일할 수 있으니 좋겠다는 의견도 있었다. 바쁜 도시인에게 삼시 세 끼 식사 패턴을 지키기란 쉬운 일이 아니다. 일하면서도 먹고 심지어 걸어가면서도 먹는 경우가 생긴다. 서구에서는 그 모습이 마치 초식동물이 풀을 뜯으며 돌아다니는 것과 유사하다고 해서 그레이징grazing 식사라고 한다. 공원 벤치나 계단에 걸터앉아 가볍게 샌드위치를 먹는 사람은 그나마 양반이다. 뭐가 그렇게 바쁜지 걷는 동안 식사하면서 시간을 아낀다. 우리 조상님들이 살아생전에 이 모습을 보셨다면 뭐라고 하셨을까.

가족과 함께하는 '저녁 있는 삶'과 '따뜻한 식사'가 보장된다면, 나 역시 점심은 간단히 먹는 것도 좋다고 생각한다. 단, 전제 조건은 적어도 하루 한 끼는 따뜻한 식사를 해야 한다는 것이다. 여기서 말하는 따뜻한 식사란 자연이 만들어주는 식재료에, 먹으면서 생명의 경이로움을 만끽할 수 있어야 하고, 힐링이 되면서 보약과도 같은 건강한 먹거리다.[3]

　건강한 먹거리란 껍질에 파라핀 왁스를 입혀서 곰팡이가 슬지 않도록 한 과일 따위나, 성장 촉진제를 쓴 채소, 유전자를 조작한 콩, 항생제를 쓰거나 미네랄 오일을 발라서 윤기를 낸 달걀, 발정제를 먹인 돼지고기 등과는 반대된다. 껍질째 먹어야 제맛을 느낄 수 있는 과일, 봄철의 생동하는 에너지를 가득 품고 자란 나물, 제철이거나 토종 씨앗을 유기농 혹은 자연 재배 방식으로 키운 농산물이라야 건강한 먹거리라고 할 수 있다. 단맛, 짠맛, 신맛, 쓴맛, 감칠맛과 더불어 자연의 다양한 재료들이 주는 고유의 맛을 음미할 수 있는 식사, 그리고 따뜻한 정성으로 채운 식탁, 식사하는 동안 가족과 함께 나누는 대화와 여유, 그래서 결국 마음과 몸이 따뜻해지는 식사야말로 우리에게 진정 필요한 한 끼가 아닐까.

　불가에서는 자연의 재료들을 함부로 다루지 않고 본연의 맛이 다치지 않게 요리하는 것도 수행으로 보았다. 재료를 조합하고 조리를 통해서 음양의 조화를 찾는 것은 자연의 법칙을 깨닫는 것이리라. 모든 작물을 일 년 내내 키우는 것은 공양 그 자체요, 남에게 대접하기 위해서 음식을 준비하는 시간도 모두 귀한 공양인 것이다. 멀리 있는 종교의 가르침까지 찾을 필요 없이, 앞서 나주에서 만난 종부께서도 "음식 하나도 정성스러운 마음과 정갈한 몸가짐으로 대해야 한다"는 종가의 가르침에 대해서 말씀하셨다.[4] 나와 가족이 먹을 음식을 소중히 여기는 자세로부터 요리가 시작되는 것이다.

123

지나치게 빠른 한국 사회의 속도에 적응하기 위해서 우리는 효율성과 편리함을 추구하는 삶의 방식에 맞춰져 있다. 생활 전반에 걸쳐 만물을 구매할 수 있는 편리한 세상이지만 상품에 의존할 수밖에 없는 구조 속에 갇혔다. 편의를 택한 대신 현명한 소비의 판단력은 무뎌졌고, 열정은 얼어붙어 무관심으로 일관해왔다.

국내도 아니고 수입한 고기와 과일을 마트에서 거래한다는 건 소비자와 판매자 간에 높은 신뢰를 요구하는 일이다. 온라인 구매는 두말할 필요도 없다. 내가 구매한 과일이나 채소의 품질이 다른 소비자의 것과 같으리라는 믿음을 전제로 하고 있기 때문이다. 내가 구매한 '고기 상품(동물이 아닌 상품으로 여겨지는)'이 식품업체에서 종사하는 전문가에 의해 신선하고 위생적으로 관리될 것으로 생각한다. 우리는 최종 결과물만 볼 수 있기 때문이다. 진열대에 오른 상품은 깨끗하고 보기 좋게 포장되어 있지 않은가.

밭에서 일하는 농부나, 가공식품 공장에서 일하는 노동자나 상품을 배송하는 운송업자나 대부분의 시간 동안 누군지 모르는 사람을 위해 일한다. 누가 이 상품을 먹게 되는지 알 수도 없다. 세상과 사회적 관계가 차단되었다. 이러한 구조 속에서 식품의 생산부터 유통까지의 모든 과정이 과연 안전하게 이뤄질까. 보이지 않는다고 없는 것이 아니듯, 내가 모르거나 관심 없다고 해서 가벼이 다룰 문제는 아니다.

문제의 매듭은 식재료와 나와의 관계에서부터 풀어나가야 한다. 나를 만들어주는 식재료가 무엇이고, 어떤 과정을 거쳐서 나한테 오게 되었으며, 어떻게 보관하고 나에게 맞는 음식으로 요리할 것인지, 내 몸이 정말로 원하는 게 무엇인지, 내 일상을 관찰하고 나에게 관심을 기울이는 것이 필요하다. 해답은 멀리 있지 않고 내가 쓰는 냉장고 안에 있을 수도 있다.

편의점은 동네 텃밭이자
공유 냉장고

집마다 냉장고가 있는 세상이다. 이제는 냉장고 없는 집을 찾기가 더 어려워졌다. 두 대 이상의 냉장고를 보유하는 가정도 흔하고 김치냉장고까지 합치면 그 수는 더 늘어나, 결국 국내 냉장고 보급률은 100퍼센트가 넘는다. 하지만 이러한 추세는 1인 가구의 수가 계속 증가하면서 변화를 보이고 있다. 빈부 격차에 따라 다르겠지만, 1인 가구는 대개 단칸방이나 쪽방, 고시원과 원룸에 흩어져 산다. '집'보다는 '방'에서 사는 이들에게, 가족과 함께 하는 식사보다는 '혼밥'이 익숙하다.

전체 가구 유형 중에서 1인 가구의 비중은 2000년대 15.5퍼센트, 2010년 23.9퍼센트, 2019년에는 29.8퍼센트로 계속해서 증가하고 있다(통계청 장래 가구 추계, 2019). 이들은 집에서 조리하기보다 주로 식당 요리와 주문 음식으로 끼니를 해결한다. 이들에게 냉장고는 필수품이 아니며 구매하더라도 소형 냉장고를 찾는다.

내 주변에도 홀로 생활하는 동료가 있다. 그는 빌트인 오 피스텔에 사는데 1인용 소형 냉장고를 갖고 있다. 냉장고 안 에는 생수병과 수입 캔맥주(편의점에서 묶음 판매하는)밖에 없 다고 한다. 집에서 보내오는 김치나 반찬이 없는지, 집에서 라면도 안 끓여 먹는지 물었더니, 다음과 같은 대답이 돌아 왔다.

"김치랑 반찬은 냄새가 나서 냉장고에 두지 않고, 라면은 먹고 싶으면 편의점에 나가서 먹어요. 굉장히 편하죠. 밥은 주 로 퇴근하면서 식당에서 먹거나 배달 음식을 시켜 먹고요. 요 리도 잘하지 못하고, 사실 해야 할 필요성도 못 느껴요."

요리하면서 스트레스 받느니 나보다 더 잘하는 사람에게 맡기고 나는 그 음식과 서비스를 소비하는 편이 합리적(?)이 라고 여기는 것이다. 요리와 설거지에 낭비되는 시간을 오로 지 나를 위해 소중하게 쓰고 싶다고 주장한다(동료의 경우는 헬스 운동). 사실 결혼하기 전의 내 삶도 별반 다르지 않았다.

편의점은 바쁜 현대인에게 집 밖의 냉장 창고가 된다. 동 네의 공유 냉장고라고 볼 수 있다. 소위 '편세권'에 살면(집 근 처에 편의점이 있으면), 굳이 냉장고 안을 숨 막히게 가득 채울 필요도 없다. 언제든 필요할 때마다 찾아가서 간단하게 먹을 수 있다. 게다가 요즘에는 비건vegan을 위한 도시락까지 나오 면서 메뉴도 다양해졌다. 편의점만의 매력 덕분이랄까, 집마 다 냉장고가 있어도 동네의 편의점 점포 수는 줄지 않는다.

실제로 편의점이 생긴 초기에는 동네 냉장고와 같다고 해서 '콜드 스토어cold store'로 불렸다(주로 도로변 모퉁이에 자리

127

잡아서 'corner store'라고 불리기도 한다). 세계 최초의 편의점은 미국에서 탄생했다. 1927년 텍사스주 댈러스 지역에서 얼음을 판매하던 한 제빙 회사(사우스랜드 아이스 컴퍼니)의 한 지역 가게였다. 시원한 창고에서 얼음을 판매하다가, 상하기 쉬운 달걀이나 우유, 식빵과 같은 기본 식료품을 함께 두고 팔자는 아이디어에서 출발한 것이다. 덕분에 소비자는 식자재를 가까운 데서 손쉽게 구할 수 있었다. 이 업체는 훗날 우리가 아는 세계 최고의 편의점 기업, 세븐일레븐이 된다(1946년에 명칭이 변경되었다). 명칭은 문자 그대로 아침 7시에 열어서 밤 11시에 닫는다는 뜻이다. 당시에는 전례가 없었던 영업 시간이자 파격적인 신종 소매점의 등장이었다.

한편 일본에서는 편의점을 콤비니콤비니라고 한다. '콤비니언스 스토어Convenience store'를 줄여서 부른 것이다. 1970년대에 세븐일레븐이 일본에 진출하면서 미국 본토보다 오히려 일본에서 더 성공한다. 우리나라에도 1989년 세븐일레븐 1호점이 들어왔다. 미국의 사우스랜드사와 제휴하고 기술이 도입됐다. 흥미롭게도 이보다 앞선 국내 최초의 편의점이 있었으니, 1982년 11월 롯데쇼핑이 서울 중구 신당동 약수시장 앞에 개점한 '롯데세븐' 1호점이다. 같은 해 1월 야간 통행 금지가 해제되면서 시도했지만, 2년도 채 못 버티고는 폐점하고 말았다.

편의점은 도심의 텃밭과도 같다. 텃밭에서 필요한 채소를 뽑아서 사용하듯이, 소비자는 필요할 때마다 식품을 구매할 수 있어서 편리하다. 제조사 입장에서도 편의점은 텃밭이다.

**국내 최초의 편의점.
1982년 롯데세븐의 개장 모습이다.**

진열대는 비닐하우스와도 같다. 텃밭의 운영권은 프랜차이즈 편의점 본사가 갖고, 종자(제품)는 제조사에서 판매하며, 한 해 농사는 점주가 짓는다.

자연의 텃밭과 다른 점이 있다면 밭에서 끊임없이 전쟁이 벌어진다는 것이다. 텃밭은 한정돼 있고, 제조사가 만드는 종자에는 등급이 매겨진다. 최하 등급으로 분류되면 발주 자체가 안 되고, 전국 모든 가맹점에서 취급이 중단되니 무한 경쟁이 펼쳐진다. 종자 간의 결투다. 말하자면, 컵라면은 컵라면끼리 대결하고, 초콜릿은 초콜릿끼리, 음료수는 음료수끼리 제각기 진열대를 사수하며 버텨야 한다. 경쟁에서 살아남으려면 2+1, 1+1 묶음 할인, 가격 할인 등의 각종 전략과 전술이 요구된다. 소비자의 관점에서는 달가운 할인 서비스지만 시장경제의 냉혹한 현실을 맞는 이들의 심정은 남다르다.

텃밭의 전투에서 자작농(개인 편의점 점주)이든 소작농(프랜차이즈 편의점 점주)이든 마음이 편할 리는 없다. 과도한 경쟁 속에서 폐기하는 상품도 한둘이 아니다. 일정 분량을 계속 폐기하는 게 편의점 운영의 정석이라는데, 개별 소비자의 기호를 만족시키기 위해서 제품도 천차만별로 갖춰야 하고 분량도 넉넉하게 발주해야만 한다.[5]

점주의 부담을 줄여주기 위해서 폐기를 지원하는 제도도 생겼다. 폐기 리스크에 따라 지원율은 다른데, 햄버거, 샌드위치, 김밥 등에는 일반적인 폐기 지원이 되고, 신제품과 계절 상품, 다른 회사와 경쟁하는 품목에 대해서는 추가적인 폐기 지원이 이뤄진다고 한다. 시장 선점을 위한 묘수다.

소비자, 판매자, 운영자, 제조사 모두 폐기를 장려하는 구조 속에서 불어나는 건 포장을 뜯지도 않은 채 버려지는 쓰레기뿐이다. 풍요 속 절망의 현실을 볼 수 있다. 편의점에 가면 말끔한 진열대에 정갈하게 각이 잡힌 제품들이 저마다 빛을 내고 있지만, 나는 왠지 이 시대의 거짓 풍요를 보는 것만 같다.

편의점 인생을
졸업하는 날이 오면

이십대에 나는 취업 대신 대학원 진학을 택했다. 다시 생각해 봐도 과감한 선택이었다. 어디서 그런 용기가 생겼던 걸까. 내가 논문과 씨름하는 동안 친구들은 하나둘 취업해서 월급을 타기 시작했다. 부러웠고 나만 뒤처진다는 생각에 불안했다. 학위를 받는다고 뚜렷한 미래가 보장되지도 않았다.

꿈을 좇아 도전했던 시절, 나는 편의점에 자주 들렀다. 편의점에 가면 마음이 편했다. 책값과 등록금, 영어 학원비에 눈치 없이 돈은 계속 들어가는데, 아낄 수 있는 건 식대와 시간뿐이었다. 편의점에 들러서 대충 끼니를 때우고 학원이나 도서관에 갔다. 편의점에서 컵라면에 삼각김밥 하나면 족했다. 덕택에 한 끼를 저렴한 가격으로 때울 수 있었지만 아이러니하게도 내일 또 오고 싶지는 않았다. 벗어나고 싶었고, 오래 머물고 싶지 않았다. 이 시절만 지나가면 편의점 인생도 졸업하고 싶었다.

한편, 일본에서는 18년 동안 편의점에서 아르바이트하며 살아온 여성이 있다. 그녀의 이름은 무라타 사야카. 그녀는 편의점 인생을 담은 자전적 소설『편의점 인간コンビニ人間』을 발표했다. 소설 속 주인공 후루쿠라 게이코는 모태솔로에다 대학 졸업 후 취직 한번 못해보고, 18년째 편의점에서 아르바이트하며 살아간다. 그녀는 취업과 결혼을 하지 않았기 때문에 '보통' 사람들과 구분된다. 그녀 주변의 '보통' 사람들은 그녀를 사회 부적응자로 재단하고, 별종인 그녀를 재판하며 마음대로 그녀의 인생에 개입하려든다.

그녀는 삼시 세 끼를 편의점에서 때운다. 아침에 출근해서 편의점 빵을 먹고, 점심은 편의점 주먹밥이나 패스트푸드로 때우고, 저녁도 피곤하면 그냥 가게 음식을 사서 집으로 돌아오곤 한다. 그녀의 몸 대부분이 편의점 식료품으로 구성된 것이다. 그녀 자체가 편의점이라는 세계 속 부품처럼 보인다. 그녀는 그런 삶에 만족한다. 평소에는 '보통' 사람처럼 살 수 없어서 힘들지만, 적어도 편의점에서는 '점원'으로 연기하며 살아갈 수 있기 때문이다.

무라타 사야카는 이 작품으로 일본 최고 권위의 문학상인 아쿠타가와상을 받은 뒤에도 계속 편의점에서 파트타임으로 일하고 있다. 정해진 매뉴얼에 따라 일할 때가 편하다고 한다. 그녀와 달리 나는 편의점을 졸업했고 '보통' 사람의 길로 들어섰다. 운이 좋게 취직도 하고 결혼도 했다. 그 이후로 자연스럽게 편의점에 발길을 끊으면서 무관심해졌다.

내가 편의점이라는 공간에 다시 관심을 두게 된 것은 냉장고에 관한 조사를 시작하면서다. 냉장고와 편의점은 생각할수록 닮은 게 많았다. 냉장고가 개발되지 않았다면 편의점의 탄생도 없었을 것이고(편의점의 꽃인 냉동식품도 마찬가지다), 둘 다 편리한 생활을 만들어주기에 그것을 맛본 이상 계속해서 수요가 증가한다는 점, 1+1 행사 제품은 환영받는다는 점, 인구가 증가할수록 가짓수가 계속 뻗어간다는 점, 그리고 편리할수록 궁극적으로 인간에게 더 큰 욕망을 품게 한다는 점에서 비슷하다.

편의점을 주목하니 자연스럽게 나의 이전과 같은 처지에 놓인 후배들에게 눈길이 갔다. 세월이 흘렀어도 더 나아진 게 없는 세대다. 그들은 취업준비생으로 대학 졸업과 함께 사회에서 배제되는 계층이다. 대개 경제적 어려움을 겪으면서 끼니를 거르거나 간단하게 때우는 정도의 식사를 한다. 15분을 넘기지 않는 '번갯불 식사'라는 단어가 이들의 혼식을 대변한다. 혼식으로 애용하는 메뉴의 1위는 단연 라면이다. 그 뒤를 백반, 빵, 김밥, 그리고 샌드위치가 차례로 잇는다.[6]

당장 수중에 돈이 없으면 식사비부터 줄인다. 수입이 없으니 아르바이트는 해야 하고, 일하다보면 시간이 부족해지고, 그러면 자격증이나 시험 준비에 소홀해져 결국 취업에 실패한다. 취업을 못했으니 수입은 없고, 다시 식사를 거르며 아르바이트를 하게 되는 악순환에 빠지는 것이다. 이러한 삶은 특수한 상황이 아니라 20~30대 청년들에게는 상당히 보편적인 현실임을 알 수 있다.[7]

그들에게는 한 끼의 따뜻한 '집밥'이 꿈이며, 맛집 탐방은

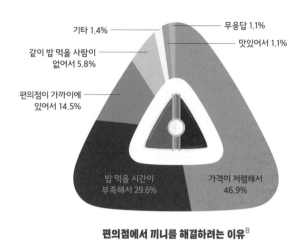

무응답 1.1%

기타 1.4%

맛있어서 1.1%

같이 밥 먹을 사람이
없어서 5.8%

편의점이 가까이에
있어서 14.5%

밥 먹을 시간이
부족해서 29.6%

가격이 저렴해서
46.9%

편의점에서 끼니를 해결하려는 이유[8]

사치다. 빈곤한 청년에게 한 끼는 차려 먹는 것이 아니라 때우는 것이 더 적확한 표현일 수 있다. 없는 돈과 시간을 쪼개서 일도 하고 학원도 다녀야 하니 식사는 혼자서 최대한 서둘러 먹어야 한다. 그렇게 편의점은 혼밥의 대표적인 장소가 되었다.

음식을 먹는 건 소비의 가장 순수한 형태라고 한다. 우리가 무엇을 어디에서 먹는지가 우리의 처지, 경제적 신분, 더 나아가 사회 계급을 말해준다.[9] 세상에서 먹고 마시지 않는 사람은 없다. 식품은 매일 지속해서 소비할 수밖에 없으니 끊임없이 자기를 인식하게 된다. 말 그대로 "You are what you eat"이다. 무엇을 먹느냐가 그 사람을 규정한다는 말이다.[10] 이는 건강이 먹거리에서 시작된다는 의미일 뿐 아니라, 음식을 통한 소비는 내 처지나 신분을 확인해준다는 뜻이다. 누구는 수입산 고급 와인과 치즈를 쇼핑 카트에 넣으면서 자신이 특별한 존재라는 걸 자각하겠지만, 누군가는 유통기한이 임박한 할인 상품인 삼각김밥을 사면서 자신의 현실을 뼈저리게 인식한다.

미래사회에도 인류학자나 고고학자가 있다면, 편의점이라는 공간 연구는 매력적인 주제가 될 것이다. 21세기 편리함의 끝판왕, 편의점 매핑을 통한 창업의 불패 신화 분석, 청년 아르바이트의 실태, 누군가의 허기를 신속하게 달래는 곳(10분 이상 지체하지 않으면서)처럼 다양한 주제를 연구할 수 있을 것이다.

한편 편의점에서 발굴된 플라스틱 용기에 담긴 영양가 없는 즉석 냉동식품을 보면서, 인류 역사상 가장 풍요로웠던 시대에 과연 인류가 정말 풍요롭게 살았는지 의구심을 품을 수도 있겠다. 왜 당시에 인류가 음식을 직접 만들어 먹지 않았을까 궁금해하면서 말이다.

할머니의
냉장고를 부탁해

고독사는 특수한 상황에 놓인 누군가의 이야기가 아니라, 바로 나와 우리에게 일어날 수 있는 현실이다.

종영한 프로그램 「냉장고를 부탁해」(JTBC, 2014~2019)는 시청자들에게 많은 사랑을 받았다. 셀럽의 집에서 냉장고를 스튜디오로 옮겨온 후, 유명 셰프들이 나와 냉장고 안에 있는 재료를 사용해서 요리 경연을 펼친다. 중간에 냉장고 속을 분석하면서 주인공의 성격을 추측하기도 하고 근황을 물어가며 프로그램을 진행한다. 대미의 하이라이트는 셰프들이 만든 음식 중에서 주인공 본인의 입맛에 맞는 최고의 요리를 뽑는 것이다. 본인의 냉장고에 있던 평범한 식재료가 멋진 요리로 바뀌는 걸 보며 주인공은 놀라고 행복해한다.

하지만 내가 접한 현실은 다르다. 현실에서도 그런 마법이 가능할까? 지금 소개하려는 사연은 주인이 남기고 떠난 냉장고에 관한 것이다. 홀로 고독사했거나 무연고 사망,[11] 혹은 몸이 불편해서 요양원으로 전입하려는 사람들의 이야기다. 이제는 그들에게 따뜻한 밥 한 끼를 대접할 기회조차 없다.

　나는 유품을 정리하는 현장에서 전문가의 경험이 담긴 고독사 이야기를 수집하고자, 2019년 10월부터 3개월간 유품 정리 회사인 사회적 기업 (주)함께나눔과 고독사 및 1인 가구의 부엌을 조사했다.[12] 먼저 서울 노원구에서 오신 김씨 할머니의 사례를 소개한다. 그녀는 최근 요양원에 들어갔다. 그녀의 집 상태를 보면 알 수 있듯이, 유독 쓰레기가 많은 게 특징이다. 할머니는 거동이 점차 불편해지고 의지대로 몸을 가누기가 힘들어지자 집 안 곳곳에 쓰레기와 물건들을 정리 안 된 채 두었다. 부엌 싱크대 밑을 보니 가슴 한켠이 시려왔다. 걸레들이 아무렇게나 바닥에 펼쳐져 있는데, 아마 걸레질할 기력도 없었던 듯하다. 설거지할 때마다 물이 바닥에 튀는데, 허리를 숙이고 무릎을 꿇어가며 청소하는 게 불가능해졌던 것이다.

　경기도 고양시에서 오신 정씨 할아버지도 만났다. 할아버지 역시 거동이 불편해져서 요양원으로 전입하셨다. 할아버지 댁 냉장고에서 가장 먼저 눈에 띄는 건, 맨 아래쪽 야채칸에 수북이 쌓인 초코파이였다. 싱싱한 채소 대신 초코파이가 노인의 당을 책임지고 있었다. 초코파이를 보자 불현듯 광고가 떠올랐다. 한국 사람들에게 초코파이는 '정情'의 대명사다. 누군가와 나누지 못한 정이 야채칸에 가득했다. 할아버지가 혼자 보냈을 시간과 외로움이 유통기한이 지난 초코파

137

© 류준구

서울 노원구 김씨 할머니의 부엌과 냉장고

경기도 고양시
정씨 할아버지의 냉장고

이를 통해서 고스란히 전해진다.

고독사는 홀로 쓸쓸히 죽음을 맞이하는 인생의 종결을 의미한다. 고독사가 증가하는 사회의 배경에는 고령화, 핵가족화(1인 가구), 부양 부담, 개인주의 가치관 등 다양한 이유가 있다. 하지만 현재 대한민국에는 고독사에 대한 공식적인 데이터가 없다. 그런 까닭에 전문가들은 고독사를 '통계 없는 죽음'이라고 부른다.

가족 해체, 실업, 사회적 단절, 고립, 그에 따른 경제적 악순환, 이런 복잡한 사회적 문제를 종합해서 '고독'이라고 표현하기에는 그 죽음의 무게가 너무 무겁다. 모든 사회적 관계가 끊어지면서 닥치는 외로움과 우울함, 무력감은 감히 수치로 표현할 수도 없을 것이다. 고독사라는 현상과 마주하면서 죽음을 인생의 마침이라고만 볼 것이 아니라 그 과정에 주목해야 한다는 걸 누구나 느끼리라.

고독감이나 우울 증상에 빠지면 가장 먼저 마음의 문이 닫힌다. 자연스레 입맛을 잃고 식욕도 없어지면서 부엌에 가는 일이 드물어진다. 당연히 요리도 하지 않는다. 밥솥 안의 밥에는 벌레가 생기고, 냉장고 식재료들은 모두 부패한다. 유통기한이 지난 통조림과 햇반, 라면과 초콜릿 봉지가 방바닥에 나뒹군다. 마음이 죽으면 부엌도 함께 죽는다.

유품정리사들 사이에서 유품은 처리하는 것이 아니라 정리하는 것이다. 유품은 쓰레기가 아니라 '고인이 남긴 물건'이므로 소중히 다뤄져야 한다. 그래서 정리 작업에는 윤리의식이 늘 동반된다. 단순한 물건을 넘어선 의미가 포함되어 있

고인이 남기고 간 담금주

기 때문이다.

　유품 정리 회사인 (주)함께나눔의 1층에 가면, 선별해 모아놓은 유품들이 진열되어 있다. 물론 유가족에게 허락을 구하고 판매하는 물건이다. 소각하거나 정리해야 할 유품은 처분하고, 새로운 주인을 기다리는 물건만 남아 있다. 주로 옷이나 가구류, 전자제품 등이다.

　고인들이 남긴 물건 중에서 유독 눈에 들어오는 게 있었다. 바로 '담금주'였다. 왜 그렇게도 어르신들은 집에 담금주를 두고 드셨을까. 몸에 좋고 약이 된다고 하지만, 업체 관계자에 따르면 담금주들이 집집마다 아주 많이 발견된다고 한다. 버리기도 애매하고, 그렇다고 햇반이나 통조림처럼 판매하기도 쉽지 않아서 골칫덩어리가 되었다. 현장에서 고인이 남긴 부엌과 냉장고를 촬영한 박민구 작가는 담금주를 보면

141

서 누군가와 함께 마시려고 담갔을 것이라고 추측했다. 혼자가 되어 떠나간 이들도 한때는 누군가를 위해 담금주를 담그고, 냉장고도 채우며 어울리는 삶을 원했을 것이다.

앞의 김씨 할머니 사연이 다시 떠올랐다. 할머니는 평소 술을 드시지 않았다. 그런데도 할머니 댁에는 담금주가 많았다. 이상해서 여쭤봤더니 담담하게 말하셨다.

"남편이 먼저 세상을 떠났어요. 나 혼자 큰 집에 남겨졌는데, 집이 너무 썰렁해지니깐 담금주 통을 버리지 않았지. 남편이 좋아했던 거라 그거라도 공간을 채워야만 할 것 같았어……"

노년의 냉장고:
2000칼로리-0칼로리

노년의 삶을 연구하는 작가가 있다. 이미화 작가는 '잘 마무리하기 위해 잘 존재하기Being Well to End Well'라는 주제에 대해서 고민한다. 경기도 안양을 거점으로 '이모저모도모소'라는 열린 공간을 만들었고, 지역의 홀몸 어르신들을 모시고 시니어 문화예술 콘텐츠, 시니어 굿즈 개발 등 다양한 소셜 프로젝트를 진행하고 있다.

일과 사물의 다양한 면인 '이모저모'를 기획하고 '도모한다'는 뜻으로 '이모저모도모소'라는 이름을 지었다. 그녀는 《냉장고 환상》 기획전시(국립아시아문화전당)에서 노년 세대의 사회적 이슈를 시각화한 오브제 설치작품 〈2000칼로리-0칼로리〉를 보여주었다. 노인의 1일 평균 칼로리 권장량으로 규정된 2000칼로리와 생의 마감을 은유하는 0칼로리, 그 둘 사이에서 볼 수 있는 다양한 사례를 세 가지 유형으로 분류하고 우리 사회에 질문을 던진다.

먼저, 장수 욕망을 시각화한 '냉장고 타입 A'다. 불로장생, 안티에이징과 같은 100세 시대 무병장수를 향한 욕망이 담겨 있다. A 냉장고의 주인인 노부부는 일과를 장수 비법 검색으로 시작한다. 건강을 위해 하루 1만 보 걷기는 필수이며, 다음 달 주름과 미백 시술을 예약해 대기 중이다. A 냉장고 안에는 각종 영양제와 약재료, 홍삼팩, 인삼과 같은 약재로 만든 담금주와 꿀단지가 보인다. 야채칸에는 오렌지, 참외, 호박, 파프리카, 아보카도 등 싱싱한 채소와 과일이 담겨 있다.

김철중 의학전문 기자의 말처럼 의사들 눈에는 그 집 냉장고를 보면 암이 보인다고 했던가.[13] 냉장고 안이 고기·버터·베이컨 등 고지방 음식들로 채워져 있다면 '대장암, 심장병 냉장고'로 의심되고, 젓갈·장아찌·절인 생선이 가득하면 '위암, 고혈압 냉장고', 청량음료·초콜릿·아이스크림 등이 눈에 먼저 들어오면 '소아비만 냉장고', 신선한 야채와 과일, 요구르트, 두부·콩 음식으로 꽉 차 있으면 '항암 냉장고', 달걀·우유·살코기 등 철분과 칼슘이 많은 음식이 그득하면 '성장클리닉 냉장고'로 보인다고 했다. 그렇다면 의사들의 눈에도 A 냉장고는 '불로장생의 냉장고'로 보일까.

다음은 노인 노동에 관한 사례를 다룬 '냉장고 타입 B'다. B 냉장고의 주인은 80대 남성으로 지하철 택배 10년 차 노동자다. 그는 하루 평균 세 건의 택배 배송을 한다. 도합 4만 보를 걷고, 하루에 3만4000원, 월평균 약 70만 원의 소득을 얻는다. 냉장고 첫 칸에는 눕힌 소주병이 보인다. 미니

냉장고 타임 A

냉장고 타임 B

냉장고라 병을 세워둘 공간도 없다. 점심으로 먹다 남은 빵도 있다. 이동 중에는 많이 먹을 수가 없어서 점심은 주로 빵이나 떡으로 해결한다. 참고로 그는 무역업에 종사했고, 노후 일자리에서 경력을 살릴 만한 기회는 없었다고 한다. 건강이 허락한다면 앞으로 5년은 더 택배 일을 하고 싶다고 했다. 전 시장에는 그의 담담한 이야기가 그의 노동을 상징하는 택배 봉투 위에 인쇄되어 있다.

마지막으로, 무연사회의 '냉장고 타입 C' 이야기다. C 냉장고의 주인은 무자녀 1인 가구다. 2020년 구청에서 안심 단말기 센서를 무상으로 받았다. 돌봄 서비스로 냉장고 문열림을 모니터링하는 것이다. 만약 일정 시간 동안 어르신의 움직임이 없거나 이상 징후가 감지되면, 즉시 지자체에서 해당 가정에 연락을 취하거나 직접 방문하고, 또 119에 신고할 수 있다.

C 냉장고를 보면서 나는 혼자 상상을 했다. 만약 냉장고 주인의 조상이 그의 꿈에 나타나면 무슨 말을 할까.

"뭐라고, 무슨 센서라고? 참 신기한 세상이군. 별나다, 별나. 정부라는 게 그렇게까지 너를 돌봐주는구나. 경찰이랑 군대라는 것도 있다지? 정의를 판단해 주는 법원도 있고, 너는 교육도 해주는 학교도 다녔다면서…… 인터넷이라는 별난 것도 있어서 세상 소식을 다 접한다니 넌 얼마나 똑똑할까. 무슨 걱정이 있겠니. 편안하게 눈을 감겠구나. 그 뭐야, 호스피스? 그런 것도 있다지?"

조상을 만난 냉장고 주인은 신이 나서 맞장구를 친다.

"네, 조상님. 잘 아시네요! 정말 편리한 세상이죠? 호랑

냉장고 타입 C

기억차림

이 담배 피우던 시절에는 상상할 수도 없던 일이에요."

조상님도 웃으며 다시 이야기를 이어갔다.

"가만있어보자. 그런데 넌 왜 혼자가 된 거냐? 어쩌다가 가족한테 존경받지 못하는 신세가 된 거야? 가족들은 다 어디 갔고? 우리에게 가족은 전부였단다. 네가 있는 세상에서는 가족은 아무것도 아닌 것 같구나. 라떼는 말야, 우리 노인들은 중요한 사람으로 대접받았단다. 모두들 노인들이 현명하다고 했지. 너는 무슨 공부를 한 게냐. 우리가 더 지혜로웠어, 쯧쯧……."

이미화 작가는 일상 사물인 냉장고를 통해 소득 절벽의 위기, 장수 리스크, 노년 노동의 한계, 사회적 죽음으로 인한 고독 등 늘어난 노년의 시간을 마냥 장수 축복으로만 받아들일 수 없는 현실을 작품에 담았다. 그리고 현실의 벽 앞에 놓인 노년 세대의 단상을 포착해 우리에게 물었다. 이 사회는 옳은 방향으로 가고 있는 걸까.

세 가지 냉장고 유형 외에도 그녀는 〈기억차림(내 영혼의 부엌)〉이라는 작품을 보여준다. 온장고 안에 아카이브 책자가 놓여 있는데, 누구나 하나쯤 가지고 있는 '사연 있는 한 끼의 식사'라는 기억차림으로 기록되어 있다. 어르신 세대와 20, 30대 청년 세대가 만나 음식을 매개로 세대 간 정서적 공감을 나누는 프로젝트였다. 냉장고에서 마지막 온장고까지, 작가는 냉장고의 적정 온도는 2도가 아닌 36.2도의 정서를 저장하는 온도라고 말하는 듯했다.

탄 씨 가족 냉장고
엿보기

광주에는 다양한 외국인들이 거주하고 있다. 광주광역시 통계 자료에 따르면, 2020년 광주에 거주하고 있는 외국인 중에서 베트남 국적자가 5568명으로 가장 높은 수치를 기록하고 있다. 이는 중국 3455명, 한국계 중국인 1208명보다 훨씬 높은 수치다.[14] 물론 이 통계는 외국인 국적자에 한정된 수치일 뿐 다문화가구원까지는 포함하지 않았기 때문에 정확한 비교는 불가능하다. 어쨌든 나는 중국보다 베트남 국적자가 많은 것에 놀라 베트남 이주민 커뮤니티를 찾기 시작했다.

현재 대한민국에서 말하는 다문화가정이란, "국내에 거주하고 있는 국제결혼 가정으로 부모 한쪽이 한국인으로 구성된 가정"이다. 하지만 나는 '다문화'란 다문화가정뿐 아니라 국내에 중·장기간 체류 중인 외국인 근로자, 유학생 등을 모두 포함한 광의의 범위에서 접근해야 한다고 생각한다. 그들이 국내에 들어와 상호작용하며 한국 문화를 함께 만들어나가기 때문이다. 사실 '다문화가정'이라고 표현하는 것도 고민된다. 다문화라고 지칭하는 순간 그들은 타자화되기 때문이다.

조사를 위해서 묻고 물어 처음으로 찾아간 집은 탄Thanh 씨 가족이었다. 탄 씨의 보금자리는 광주 바로 옆 지역인 전라남도 나주의 나주역 부근이었다. 준공한 지 30년쯤 되어가는 오래된 아파트다. 그래도 역 주변이라 교통과 상권 인프라가 비교적 잘 갖춰져 있었다.

그녀는 베트남 남부 까마우 성 출신이다. 어느덧 결혼 10년 차 베테랑 주부다. 웃음이 가득한 얼굴의 탄 씨는 겉보기에도 낙천적이다. 한국인 남편은 호탕한 성격의 택시 운전기사다. 부부는 열 살 된 아들과 다섯 살 먹은 딸, 이렇게 두 자녀와 함께 가정을 꾸리며 살고 있다. 외부 사람에게 집과 주방을 공개하기란 쉬운 일이 아닌데, 두 분 다 프로젝트의 취지에 공감하고 조사를 반겨주었다.

그들에게 먼저 평소 즐겨 먹는 일상식을 준비해달라고 부탁드렸다(일명 냉장고 파먹기). 그녀는 가족이 가장 좋아하는 베트남 음식을 요리하겠다고 했다. 탄 씨는 남편이 베트남 음식을 좋아해서 평소에도 고맙게 여기고 있다. 탄 씨의 남편은 아내의 고향과 문화에도 관심이 많았다. 그것이 당연한 듯했다. 까마우 성의 위치를 모르는 내게 구글 지도를 보여주며 탄 씨의 고향을 방문했던 이야기도 재미있게 들려주었다.

가족은 평소에는 베트남 음식을 자주 먹지만, 탄 씨가 한국 음식도 곧잘 해서 베트남 반찬과 한국 반찬이 함께 식탁에 오르는 날도 많다고 한다. 그녀는 한국 음식점에서 1년 동안 일한 적이 있다. 식당에서 맛도 보고 조리 과정을 눈여 겨봤다가 집에서 그대로 연습했더니, 이제는 웬만한 한국 음식은 요리할 수 있을 정도가 되었다. 특히 메기탕을 잘 끓인다니 그녀의 음식 솜씨가 보통이 아님을 짐작할 수 있었다.

© 광주대학교×아시아문화원 김소스시안

부엌에서 요리하는 탄 씨

그녀는 베트남 음식 중에서는 쌀국수를 잘 만든다고 했다. 사실 베트남 쌀국수는 가정식 메뉴가 아니다. 육수를 오랜 시간 우려내야 하고 손이 많이 가기 때문에 집에서 조리하기에 쉬운 음식은 아니다. 베트남 현지에서 쌀국수는 출퇴근길에 단골 식당에 들러서 먹고 가는 음식이다. 탄 씨와 같이 음식 솜씨도 좋고 손이 커야 친구들을 집에 초대해서 쌀국수를 끓이는 것이 가능하다.

주변에 베트남 출신의 친구들도 많이 거주하는데, 가끔 불러서 쌀국수를 해준다고 한다. 탄 씨는 음식 솜씨가 좋아 고향 음식을 그리워하는 친구들에게 인기가 좋다. 손이 많이 가서 힘들지만, 함께 음식을 나눠 먹으면서 행복한 시간을 보내곤 한다.

오늘 탄 씨가 요리해준 것은 세 가지 베트남 요리였다. 먼저, 우리네 부침개와 비슷한 반세오Bánh xèo다. '반Bánh'은 빵, 케이크, 떡처럼 밀가루나 쌀가루 반죽으로 만드는 동그란 음식을 말하고, '세오xèo'는 지질 때 기름이 지글지글 끓는 소리를 뜻한다. 우리가 비 오면 파전이 생각난다고 하듯이, 베트남 사람들도 비 오면 반세오를 찾는다고 한다.[15]

반세오는 베트남 중남부에서 주로 먹고 북부에서는 먹지 않는다. 탄 씨는 고향 사람들이 가장 즐겨 먹는 음식이라서 소개해주고 싶었다고 했다. 베트남 남부 사람들은 음력 5월 5일(단오)이 되면 반세오를 먹는 풍습이 있다. 베트남의 음력 5월 5월은 단오절(뗏 도안 응오Tết đoan ngọ)로, 베트남에서 설 다음으로 큰 명절이다. 연중 태양이 가장 높이 뜨는 시기이자 수확기로, 풍년이 되기를 기원한다. 여느 문화권과 마찬가지로 명절에는 잘 먹어야 한다.

두 번째 음식은 보솟방Món bò sốt vang이다. 남편이 특히 좋아하는 메뉴다. 보솟방에 반미Bánh mì라는 빵을 함께 찍어 먹어야 제맛이란다. 마지막 음식은 타이 전골Lâu Thái이다. 꽃게, 오징어, 생선, 새우와 같은 각종 해산물과 신선한 채소를 넣

타이 전골에 들어가는 매운 고추

고 만든다. 국물이 새콤달콤해서 독특한 맛이 난다. 가족이 먹고 싶어할 때마다 이 전골을 만든다.

고향에서 탄 씨는 매일 아침 일찍 장을 보러 갔다고 한다. 냉장고가 없는 집도 많아서 매일 한 번 이상은 시장에 가는 것이 일상이었다. 아침에 장에서 산 신선한 재료를 그날 바로 사용한다.

반면 결혼하고 한국에 왔더니 한국 주부들은 며칠 동안 쓸 재료를 한 번에 사는 것을 볼 수 있었다. 그래서 그녀도 요즘에는 일주일 치 식재료를 마트에서 한꺼번에 산다. 한국에 왔으니깐 이곳 삶의 방식을 따라야 한다고 말했다. 어디에 살든지 그곳에 적응하는 방법을 배우는 게 중요하다고 생각하는 듯했다.

155

제공 광주대안미디어센터×아시아스케치

보솻방에 넣는 당근 꽃 모양 내기

탄 씨의 냉장고에는 한국 채소랑 베트남 채소가 모두 있다. 미나리, 얼갈이, 버섯, 고수가 보이고 자우므응Rau muống, 공심채(모닝글로리)도 있다. 오늘의 요리인 타이 전골에 들어가는 채소들이다. 모두 나주에서 구한 식재료인데, 근처에 아시아 마트가 있어서 대부분의 베트남 재료를 어렵지 않게 구할 수 있다.

그녀가 느끼기에 한국과 베트남 음식의 가장 큰 차이는 고춧가루의 사용 여부다. 한국은 고춧가루를 많이 사용하는 반면, 베트남에서는 매운맛을 내고 싶을 때 고춧가루보다는 고추 몇 조각을 넣을 뿐이다. 그리고 베트남과 한국은 기후가 다르므로 식재료도 다를 수밖에 없는데, 무더운 베트남에서는 채소와 과일이 더 맛있고 다양해서 요리에도 향신료와 과

탄 씨의 냉장고. 나주 아시아 마트에서 구입한
베트남 식재료가 들어 있다.

일이 쓰인다고 했다.

어느덧 결혼하고 한국에 정착한 지 10년. 처음부터 주부 9단이었겠냐만 막힘없이 척척 요리하는 그녀의 솜씨와 큼직 큼직한 음식량을 보니, 그동안 타국에 적응하느라 얼마나 힘들었을까 싶고 그 세월의 내공이 느껴졌다. 베트남 음식을 잘 모르는 내게도 그녀의 요리 솜씨는 범상치 않게 느껴졌다. 그동안 베트남 음식이라고는 프랜차이즈 식당에서의 경험뿐인 촌놈에게, 그녀는 진정한 베트남 집밥의 묘미를 선사해주었다.

산모의 서러움
달래주는 냉장고

다문화가정의 냉장고를 조사하러 다니다가 문득 런던에 정착해서 사는 선배의 출산 후기가 떠올랐다. 벌써 10년도 더지난 일이다.

"영국에서는 제왕절개보다 자연분만을 주로 하지. 미드와이프midwife라고 산모 옆에서 도와주는 간호인도 있어. 너라면 타국에서 혼자 출산하는 걸 상상할 수 있겠니? 남편(영국인)이 옆에서 도와준다고는 하지만, 첫애 낳았을 때는 친정엄마도 오지 못하셨거든…… 더 서글픈 건 뭔지 아니? 아기를 힘들게 겨우 낳았더니 토스트랑 쿠키가 차랑 같이 나오는거야. 그거 먹고 샤워한 다음 바로 퇴원하라지 뭐니(한국에서는 출산 후 바로 샤워하지 않는다)…… 정말 황당하지?!"

"네? 바로요? 누나 그럼 미역국은 먹었어요?" 나는 당황하며 물어봤다.

"당연히 미역국 하나 끓여줄 사람도 없지. 그럴 줄 알고

159

미역국도 병원 가기 전에 내가 미리 만들었어. 남편이 보온병에 미역국을 담아서 햇반이랑 가지고 왔는데, 글쎄 병원에서 산모 건강에 안 좋다고 전자레인지를 못 돌리게 하는 거야. 별수 없이 뜨거운 물 받아서 미지근하게 데웠어. 정말 서럽더라고……"

선배의 일화와는 반대 상황으로, 이번에는 국제결혼을 해서 한국으로 들어온 신부들을 만나 이야기를 들을 수 있었다. 먼 타국까지 와서 임신하게 됐는데 한국 음식 냄새를 맡을 때마다 심하게 입덧했던 이도 있고, 그럴 때마다 엄마가 해주던 고향 음식을 그리던 이들도 있다. 누군가는 고향의 과일이 가장 생각났다고 했다. 새콤하고 씹는 맛이 좋은 열대 과일이 그렇게 먹고 싶었다고……. 남편에게 말해도 구해줄 수 없었기에 더 생각날 수밖에 없었다는데, 수입산 과일을 먹어봤지만, 본래의 맛도 나지 않고 가격만 비싸 미안했다고 한다. 결국 입에 맞는 음식을 찾지 못해서 어느 미얀마 출신의 신부는 밥에다가 석류를 섞어 그것만 먹었다고 한다.

한 베트남 신부는 고향 특산물인 생선이 그리웠다고 한다. 한국에서는 구할 수 없는 생선이라 더 생각이 났단다. 어종이 풍부한 베트남에서는 똑같은 생선을 매끼 먹는 일은 드물다고 한다. 바닷고기와 민물고기를 다양하게 번갈아 먹던 사람이 한국에서 고등어, 연어, 갈치 정도만 먹다보니 질릴 법도 하겠다.

이렇듯 산모를 보면 음식이 우리 삶에 얼마나 중요한 것인지 새삼 깨닫게 된다. 러시아 극동에서 중앙아시아로 강제

이주된 우리 고려인들은, 바다가 없는 나라에서도 미역을 구해다가 몸 푸는 산부에게 미역장물(미역국)을 끓여주었다고 한다. 블라디보스토크에서 마른미역이나 다시마, 냉동 해산물을 구할 수 있었는데, 값이 비싸도 산부에게는 꼭 먹였다고 한다.

고려인의 미역국이 우리와 가장 크게 차이 나는 점은 소고기가 아니라 돼지고기를 넣는다는 것이다. 돼지기름이 국물에 둥둥 떠 있다. 고려인이 돼지고기를 좋아해서 넣는다는 말도 있고, 이북에서 먹던 방식이 전해졌다는 설도 있다.

고려인 연구 전문가이자 월곡고려인문화관의 김병학 관장에 따르면, 1986년 우크라이나에서 발생한 체르노빌 원자력발전 사고 이후 구소련 지역에서 미역 소비량이 갑자기 증가했다고 한다. 그 전까지만 해도 미역은 고려인들만 주로 먹었는데, 방사능 노출에 요오드 섭취가 중요하다고 하자 요오드가 풍부한 해조류를 소비하기 시작한 것이다. 이에 고려인들이 주로 먹는 미역채(매기채)가 알려졌다. 미역채는 미역 줄기를 잘게 찢어서 샐러드처럼 먹는 것이다. 하지만 김 관장은 당시에는 다시마와 미역을 구별하지 못했을 것이라고, 당시 고려인들이 먹었던 매기는 미역이 아닌 다시마였을 것이라고 추측한다.

한편, 베트남에서도 우리의 미역국처럼 산모를 위한 특별 보양식이 있다. 말린 생선, 삶은 샬롯, 삶은 야채, 파파야 수프로 조리한 몽저Móng giò, 돼지족발을 먹는다. 돼지 발을 푹 고아 국물까지 먹는 음식이다. 돼지 발에 들어 있는 단백

질이 모유의 질을 높일 뿐 아니라 모유의 분비를 촉진한다고
한다.

　나주에서 만난 베트남 신부도 아기를 낳았을 때 친정어
머니가 한국까지 와서 몽저를 해주셨다고 했다. 특별한 보양
식 외에도 고향에서 보내주는 각종 소스와 면, 베트남 목이
버섯과 죽순 등 한국에서는 구하기 어려운 재료들이 산모에
게 큰 힘이 된다고 한다. 한국산 죽순이 있다고는 하지만 고
향에서 나는 것과는 맛이 다를 테니 말이다.

© MEAT Deli

베트남의 산모를 위한 보양식 몽저

　애타게 음식을 찾는 이가 비단 외국인 거주자뿐이겠는
가. 오늘도 우리 주변에는 사랑하는 아내와 배 속의 아기를
위해서 철 지난 과일이나 식재료를 구하려고 동분서주하는

누군가가 있을 것이다. 제철 음식의 맛을 올곧게 내는 건 불가능하겠으나, 그래도 냉동 시스템과 냉장고 덕분에 우리는 식재료를 장기간 보관하거나 수입할 수도 있게 되었으니 얼마나 고마운 일인가.

산모를 위한 각양각색의 보양식이 정말 건강에 좋은지 과학적인 분석은 차치하더라도, 가장 필요할 때 먹고 싶은 음식을 먹지 못한다는 것은 슬픈 일이 아닐 수 없다. 먹고 싶은 음식으로 만들어진 서운함은 평생 기억에 남을지 모른다. 복숭아를 한겨울에 그렇게 찾으셨다는 장모님의 한을 끝내 풀어주지 못하셨던 장인어른의 미안함이 지금까지 전해 내려오고 있으니 말이다.

163

고려인의 부엌:
국시와 빵

"개자이 먹어봤소? 이리 와서 같이 먹소!"

　일정을 마치고 숙소에 들어왔더니 박 게르만 어르신께서 내게 손짓하며 권유하셨다. 내가 처음 고려인을 만난 것은 '중앙아시아의 무형문화유산' 조사차 카자흐스탄 알마티를 방문했던 2016년 여름이었다.[16] 고려인 2세 노부부가 운영하는 숙소에 머물렀는데, 무더운 여름을 보내기 위해 '개장'을 만들었던 것이다.

　'개자이'는 '개장'을 고려인들이 실제 발음하는 대로 옮긴 것인데 보신탕을 일컫는 고려인 말이다. 이름만 들어도 누구나 아는 유명 방송인 역시 여기 와서 제일 먼저 찾은 음식이 개장이라고 했다. 물론 방송에 내보내진 못했지만 순식간에 한 그릇을 비웠다는 후문이다.

　카자흐스탄 현지인들은 개고기를 '고려 양고기'라고 부른다. 본인들이 양고기를 많이 먹는 만큼 고려인들이 개고기를 즐겼기 때문에 나온 말이겠지만, 중앙아시아에 정착한 후 여러 민족과 함께 살아가야 하는 처지에서 드러내놓고 개고기를 먹는다고 말할 수 있는 상황도 아니었으리라.[17]

고려인이란 19세기부터 일제강점기까지 농업이민, 항일 독립운동, 강제동원 등의 이유로 구소련 지역으로 이주한 이들과 그 후손들을 가리킨다. 1930년대에 스탈린 정권이 추진한 강제이주 이후 연해주로부터 중앙아시아 여러 지역(러시아, 우즈베키스탄, 카자흐스탄, 타지키스탄, 키르기스스탄 등)에 흩어져 살게 된 고려인의 숫자는 오늘날 약 50만 명으로 추산된다.

다소 강렬했던 첫인상을 심어준 고려인 음식은 몇 해 지나 예상치 못했던 곳에서 다시 만났다. 바로 한국 광주에서였다. 광주 하면 5.18 민주화운동을 빼놓을 수 없는데, 역사적 상처가 너무 깊고 크기 때문에 그 외의 다른 것들은 별로 주목받지 못했다. 그런 탓에 광주에 고려인마을이 조성된 것을 아는 사람은 많지 않을 것이다.

중앙아시아 고려인의 일부는 경제적인 이유로 모국(대한민국)으로 돌아와 이주노동을 하고 있다. 광주광역시 월곡동과 산정동 일대에는 2000년 무렵부터 고려인들이 이주해와 자리 잡기 시작했다. 이곳은 하남공단, 평동공단, 소촌공단 등 산업단지의 배후 주택단지다.[18] 고려인들은 주로 공단에서 근무하는 이주노동자들이다.

이곳은 주민 1만9000여 명 가운데 선주민 대비 이주민의 비율이 25퍼센트를 넘기는 광주의 대표적인 다문화 지역

165

광주 고려인마을 풍경

이다.[19] 처음 한두 가구로 광주살이를 시작한 이들은 점차 수가 늘어나 현재 7000여 명에 달한다. 굴곡진 역사 속 그들만의 문화를 간직한 고려인들은 더 이상 타국의 동포로만 존재하는 것이 아니라 우리 이웃이 되었다.

고려인마을에 들어서면 키릴 문자(러시아 알파벳)로 쓰인 간판들이 먼저 눈에 띈다. 이색적인 간판과 더불어 화덕에서 갓 구운 빵 냄새가 골목에 가득 풍기면 고려인마을에 온 것을 실감할 수 있다. 레표시카лепёшка(중앙아시아 사람들의 주식이자 납작하고 둥근 빵)를 맛볼 수 있는 카페 코레아나, 중앙아시아 지역의 다양한 음식을 맛볼 수 있는 스마크смак 식당, 사마르칸트 식당, 투르키스탄 식당, 카페 코레아나, 케밥 식당, 냠냠식당 등 재미있는 이름의 상점들을 찾을 수 있다. 이 밖에도 마을에는 우즈베크 출신의 고려인 가수 강엘레나 씨가 운영하고 마을 아이들이 전통 춤과 음악을 배울 수 있는 강엘레나무용학원도 보이고, 중앙아시아 지역의 다양한 식료품을 살 수 있는 마트, 이동통신사 가게, 여행사, 미용실 등 생활에 필요한 각종 편의시설이 갖춰져 있다.[20]

음식을 보면 차이점이 먼저 눈에 띄는데, 고려인들은 러시아와 중앙아시아의 식문화가 혼합된 현지식을 즐겨 먹는다. 치즈, 버터, 우유 등의 유제품이 냉장실을 가득 채우고 있고, 쿠키나 빵에 버터를 바르고 소시지를 얹어서 뜨거운 차이чай(홍차) 한 잔을 즐긴다.[21] 뿐만 아니라 카자흐나 우즈베크의 전통 음식과도 혼종된 상차림이 흔하다. 베스바르마크 бешбармак(고기를 넣은 수제비), 샤실리크шашлык(양고기 꼬치

오븐에 구워지고 있는 삼사

구이), 플로프ПЛОВ(기름볶음밥) 등 우리에겐 낯선 음식들을 먹는다. 부엌의 오븐에서는 레표시카와 삼사самса(고기파이) 라는 생소한 빵을 구워 먹는다.

레표시카는 중앙아시아에서는 주식主食으로 귀하게 여겨 지는 빵이다. 우즈베키스탄에는 레표시카를 만들기 위한 화 덕인 탄두르ТАНДЫР(점토로 만든 원통형의 항아리 가마)가 따로 있을 정도다. 레표시카는 일상 음식뿐만 아니라 돌잔치나 환 갑잔치, 장례식 등 고려인들의 의례에서도 빠지지 않고 등장 한다. 고려인마을에 거주하고 있는 블라디미르 씨도 레표시 카를 신성한 음식으로 여긴다.

"레표시카는 주식입니다. 밥 대신 레표시카와 차이(홍차) 를 먹는 것이지요. 그래서 레표시카는 귀중한 음식으로 여겨

169

9. 고려인의 부엌: 국시와 빵

**고려인 가족의 전형적인 일상식(광주 고려인마을의 김블라디미르 씨 가족).
중앙아시아 현지식인 플로프와 레표시카와 한식이 변형된 당근채,
고추무침 등의 반찬이 보인다.**

집니다. 던져서도, 버려서도 안 되고, 칼로 썰지 않고 손으로
뜯어야 합니다. 옛날에는 모두가 모인 자리에서 큰 어른이 레
표시카를 작게 뜯어서 나눠주셨지요. 요즘은 그냥 그릇에 뜯
어놓은 채 레표시카를 넣어두고 가족 모두가 먹습니다.”

우리가 밥과 반찬을 같이 먹듯, 중앙아시아에서는 레표
시카를 반찬이나, 수프, 메인 요리와 함께 먹는다. 고려인들
은 반세기 넘도록 중앙아시아에 살면서 현지식을 먹어왔기
때문에 밥상에는 자연스럽게 쌀밥뿐 아니라 레표시카도 주
식으로 올랐다.

플로프 역시 중앙아시아 전역에서 보편적으로 즐겨 먹는
기름볶음밥이다. 볶고, 끓이고, 찌는 세 가지 요리 방식이 깃

© 음식나라 ×아이주언론편집 마실미 아기

레표시카

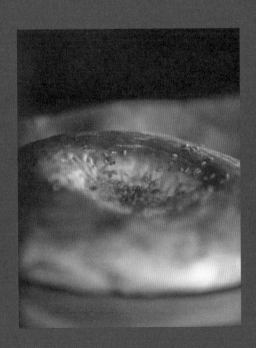

든 음식이다. 공들여 만드는 만큼 양에 따라서 차이가 나겠지만 조리하는 데 보통 2시간이 넘게 걸린다.[22]

플로프는 잔칫날에 손님에게 대접할 때 요리하는 필수 음식이다. 보통 야외에서 커다란 솥에 오랜 시간에 걸쳐 대량으로 만들기 때문에 남자들이 직접 요리한다. 수십 명에서 많게는 수백 명까지 대접하기도 한다. 그래서 "플로프가 나오지 않으면 잔치가 아니다"라는 말이 있을 정도다.

중앙아시아 지역에 쌀농사가 보급되기 전에는 쌀 수확량이 많지 않아서, 잔칫날에나 구경할 수 있는 귀한 음식이었다고 한다. 고려인의 벼농사 성공 덕분에(쌀농사 북방한계선의 위도를 2도나 끌어올린 기적을 일구었다) 중앙아시아 사람들이 플로프를 즐겨 먹을 수 있었다고 해도 과언이 아닐 것이다. 더욱이 쌀을 주식으로 삼았던 고려인들에게도 플로프는 다른 현지 음식들에 비해 비교적 쉽게 수용할 수 있는 음식이기도 했다.

플로프는 인디카 쌀을 주로 사용한다.[23] 중앙아시아 고려인들도 여러 벼품종을 개발했는데, 카자흐스탄에서 카라탈(알마티주), 둥간샬르, 두보비스키, 뻬르보마이스키, 크라스노다르(크즐오르다주), UZROC(탈듸구르간주) 등이 재배되었다. 플로프는 주로 안남미 품종으로 만들었지만, 고려인들은 가장 맛있고 비싼 경조쌀(우즈베키스탄 벼품종 개량 전문가인 박경조가 개발한 벼종자, 폴리트오트젤 경조)로 만든 플로프를 최고로 여겼다고 한다.

중앙아시아 고려인들은 현지식으로 음식을 먹기도 했지

플로프

만, 여전히 한민족의 전통 식습관을 간직하고 있다. 음식은 우리를 역사와 이어준다고 했던가. 음식에는 현재와 과거를 이어주는 힘이 있다. 우리는 음식을 통해서 추억을 떠올리거나 고향의 맛을 간접적으로 경험할 수 있다. 고려인은 그렇게 음식으로 한민족의 정체성을 유지해왔다.

고려인은 가족 유대감도 강하다. 중앙아시아로의 강제이주와 차별, 거주 이전의 자유를 박탈당한 슬픈 역사를 기억하고 있고, 자신들이 믿고 의지할 수 있는 대상은 국가가 아닌 오직 가족뿐이라는 것을 학습했기 때문이다. 이 때문에 3세대가 함께 거주하는 대가족 제도가 살아 있다. 경제적인 이유에서 독립하기 어려운 것도 있겠지만, 가족의 중요성을 잃지 않고 살아가려는 마음이 크다.

고려인들은 모국어를 잃었을지언정 한국 음식의 명맥은 잃지 않았다. 음식의 기본 구성도 여전히 동일하다. 밥, 국, 김치, 된장, 두부, 각종 나물 등의 반찬으로 이루어져 있다. 물론 명칭은 생소하다. 이를테면 밥이물이(물에 말아먹는 밥), 배차짐치(배추김치), 미역장물(미역국), 시락장물(시래기된장국), 반찬(식해), 북자이(된장찌개), 자이(된장), 왜(오이), 가지채(가지무침), 배고자(왕만두) 등이 고려 말 표현이다.

고려인 음식이 반대로 중앙아시아 현지에 영향을 주기도 했는데, 대표적으로 모르코브채морковь-чя와 고려국시를 들 수 있다. 모르코브채는 현지에서 '카레이스키 샐러드'로 불릴 정도다. 모르코브는 당근을 러시아어로 부르는 말이며, 채는 길쭉하고 잘게 써는 채소로 고려인들이 쓰는 용어다. 고사리

모르코브채
중앙아시아 재래시장인 바자르에 가면 쉽게 볼 수 있다

채, 매기채(미역), 콩나물채, 감자채 등으로 부른다.

　　모르코브채는 고려인뿐 아니라 이제는 중앙아시아 국가 전역에서 사랑받는 음식이다. 고려인들은 중앙아시아 이주 초기, 김치의 주재료인 배추를 구하기 어려웠기 때문에 비교적 쉽게 구할 수 있었던 당근으로 김치를 만들었다. 당근을 채 썰어서 소금과 식초 등의 양념을 버무려 새콤달콤하게 만든 것이다. 모르코브채는 주로 기름진 고기를 주식으로 하는 현지인들의 입맛을 사로잡아 소련 전역으로 전파되었고, 현재 구소련 지역 어느 도시에 가더라도 재래시장Базáр에서 모르코브채를 구할 수 있을 정도로 대중화되었다.

　　고려인들은 국수를 국시라 부른다. 한국식 잔치국수 정

도로 생각할 수 있는데, 가장 큰 차이는 고명이다. 고려국시는 오이채, 버섯채, 토마토, 고기, 김치 등 '추미'라 불리는 다양한 고명이 올라가는 것이 특징이다. 따뜻하게 먹기도 하고, 차갑게 먹기도 한다.

러시아와 중앙아시아 국가의 다른 민족들도 국시를 고려인들 발음 그대로 '카레이스키 국시 корейский кукси'라 부르는데, 이는 고려인 음식 중 중앙아시아 사람들에게 가장 인기 있는 것이기도 하다.[24]

광주 고려인마을의 대모인 신조야 대표(67세, 우즈베키스탄 출신 고려인 3세)가 국시 요리를 하면서 설명해주었다.

"한국의 잔치국수를 먹어봤는데 반찬이 적게 들어가니까 국수 맛을 모르겠더라고요. 우리는 반찬이 많이 들어가요. 국시 위에 올라가는 반찬을 추미라고 해요. 추미는 두세 가지는 꼭 들어가야 해요. 원래는 우리가 국시를 만들 때 고수도 들어가고 질(우끄롭 укроп)도 넣어요. 만약에 고수가 없으면 상채(향채) 가루라고 있어요. 그 씨를 말려서 볶아 갈아낸 게 있는데 그게 또 고수 냄새가 나요. 국수물(육수)에 질이 들어가야 짠한 맛이 나요. 그런데 그건 냄새가 독해서 한국 사람 먹는 거에다가는 안 넣죠."

국시는 잔치 음식이다. 돌잔치, 생일, 결혼식, 환갑잔치 때 국시를 먹었다. 잔치를 하면 국시 외에도 반드시 준비해야 하는 음식이 있는데, 바로 쌀로 만든 요리로 찰떡과 증편, 과줄(한과의 일종)이다. 기쁜 일이나 좋은 잔치에는 모두 상에 올리지만 장례식이나 슬픔을 나누는 의례에는 증편과 찰떡

국시분틀로 면을 뽑는 과거와 현재 모습.
고려인들은 국시분틀을 이용해서 면을 뽑아 먹었다.
위는 1950년대 초반 사진

을 올리지 않았다.[25]

중앙아시아의 매서운 겨울 날씨에는 채소와 과일이 생산되지 않는다. 겨울을 무사히 나고 비타민을 보충하기 위해서 고려인들은 다양한 저장 음식을 발달시켜왔다. 우리처럼 김장을 담그기도 했지만, 토마토나 오이로 절임을 만들거나 다양한 과일로 잼을 만드는 차이가 있다.

현재에도 우슈토베(고려인들이 중앙아시아에 처음 정착한 지역)나 알마티 근교에서 고려인들이 사는 주택에 가면 마당 한쪽에 있는 감자굴이나 김치굴을 볼 수 있다. 땅속 저장고로 텃밭에서 수확한 작물이나 저장 음식을 보관하는 곳이다. 이러한 저장고를 뽀그립norpe6이라고 한다. 보통 어른 키 정도의 깊이로 땅을 파서 벽면은 벽돌이나 시멘트를 발라 마감하고 공기 구멍을 내며, 천장은 철판으로 덮는다. 벽에는 다양한 수납장을 만들고, 수납장에는 주로 살구잼, 오이 및 토마토, 양배추를 절인 저장 음식을 유리병에 밀봉해서 쌓아놓는다.[26]

중앙아시아 현지에서는 한국에 한 번도 오지 못한 고려인도 많다. 카자흐스탄에서 만났던 고려인에게 한국에 가면 무슨 기분이 들 것 같냐고 물었더니, "한 번도 가보지 않은 집에 가는 기분"일 거라고 답했다. 같은 밥상을 차리고 같은 음식을 먹고 사는데, 우리는 그동안 국내에 들어온 고려인을 '외국인 근로자'로만 바라보지 않았던가. 그네들도 김치 없으면 상 앞에 앉지 못하는 같은 민족인데 말이다.

유랑의 세월을 살아온 고려인들, 그들의 종착지가 광주

의 고려인마을이 될 수 있을까. 두만강을 건너 연해주로, 열차에 몸을 싣고 톈산산맥이 둘러싼 초원으로, 그리고 다시 모국을 찾기까지 한 세기 하고도 반이 넘는 세월이 흘렀다. 재외동포에 대한 지원 정책이 날로 좋아진다고는 하나 이들의 한국 생활에 안정성을 담보하지 못하는 실정이다. 고국이 이들에게 또다시 시련을 안기지 않았으면 좋겠다. 고려인들이여, 언제쯤 편안함에 이를까.

고려 사람 이름이 없어졌다.

짧은 우리의 성姓만
남았다.

여전히 우리 음식은
맵기만 한데
지난날에 대한 물음에
할아버지는
그냥 침묵할 뿐……

이 스타니슬라브Ли Станислав[27]

추억을 붙여왔던 걸까–
엄마와 냉장고 자석

"냉장고 가운데 칸에서 반찬들 꺼내고, 국은 레인지에 2분 30초 데워서 먹어…… 사랑한다, 아들!"

5학년이 되던 해에 어머니는 다시 회사에 나가셨다. 그 때가 1994년이니까 벌써 27년 전 일이다. 북에서는 김일성이 사망했고, 남에서는 성수대교 붕괴 사고가 발생한 해다. 뒤숭숭하고 흉흉한 소문이 돌던 때였다. 더군다나 맞벌이 부부가 흔하던 시절도 아니었다. 5학년 아이가 혼자서 밥을 차려 먹는 게 걱정스러웠던지 어머니는 항상 냉장고 문 앞에 자석으로 메모를 남겨놓고 출근하셨다. 학교에서 돌아오면 반겨주는 사람은 없었지만, 나는 메모를 따라서 혼자 씩씩하게 밥상을 차리곤 했다.

메모를 읽으면 어머니의 사랑을 느낄 수 있었다. 내게는 어머니의 음식과 손맛, 메모까지도 모두 아름다운 추억이다.

바쁜 와중에도 반찬을 만들어놓으셨기 때문에 전자레인지에 데워서 먹기만 하면 됐다. 고사리 같은 손으로 밥도 차려 먹고 설거지까지 해서, 일에 지쳐 돌아온 어머니께 조금이나마 힘이 되어드리고 싶었다. 어린 내 눈에도 일터에 나간 어머니 모습이 안쓰러웠던 것 같다.

한번은 글짓기 대회에서 '일하는 여성은 아름답다'라는 제목의 수필로 상을 받았다. 내용은 정확하게 기억나지 않지만 일하러 나가는 어머니 모습이 멋있다고 썼던 것 같다. 선생님도 같은 여성이었기에 그 모습을 알아 내 글을 칭찬하셨던 것이리라. 선생님의 칭찬 덕분이랄까, 지금까지도 글 쓰는 게 좋다.

부엌이 외로웠던 공간만은 아니다. 주말에는 충분한 보상이 주어졌다. 식탁은 어머니의 사랑이 듬뿍 담긴 음식들로 가득 찼고, 주말만큼은 온 가족이 함께 모여 식사했다. 식구食口의 뜻은 문자 그대로 한집에 살면서 끼니를 같이 하는 사람이 아니던가. 아무리 가족이라도 밥을 같이 먹어야 식구가 된다고 어머니는 늘 말씀하셨다.

돌이켜보면 냉장고는 내게 부엌에 있는 가전제품 그 이상이었다. 어머니의 사랑을 전달하는 메모판이었다. 메모를 남기면 어머니도 안심됐겠지만, 나도 메모에서 위안을 받았다. 성인이 된 뒤로 결혼하고 분가를 하면서 자연스럽게 메모판의 존재는 잃어버렸다. 어머니께서 남긴 수많은 메모 역시 기억 한편에 묻힌 지 오래다. 어느 날 문득 홀로 사시는 어머니 댁 냉장고를 쳐다봤는데, 냉장고 모습은 많이 변해 있었다. 메모판은 이제 사라지고 온갖 종류의 자석이 그 자리를 대신했다.

부부 동반으로 다녀온 동남아시아 여행 기념품, 가족과 호주에서 샀던 자석, 환갑 기념 유럽 여행에서 샀던 자석, 내가 출장 다녀오면서 드렸던 기념품까지 마치 세계지도를 보는 듯한 화려한 자석들이 수를 놓고 있었다. 이건 무슨 자석이냐고 여쭤보면, 어머니는 언제 누구와 함께 갔던 여행이라며 사진까지 찾아서 보여주면서 이야기꽃을 피우셨다.

"(나는 자석을 쳐다보면서) 엄마가 부다페스트도 갔었나?"

"어머, 기억 안 나니? 이건 크리스티나가 선물로 줬던 건데 넌 어떻게 그걸 까먹을 수 있어?!"

크리스티나는 나의 대학 시절, 우리 집에 두 달간 홈스테이로 머물렀던 헝가리 친구다. 아들만 키우던 어머니에게 딸이 생겨서 그렇게 좋아하셨는데 어떻게 그 소중한 추억을 잊었냐며 핀잔을 주셨다. 그렇게 냉장고 자석은 우리 집 냉장고를 추억의 지도로 바꿔주었다.

흥미로운 사실은 냉장고 자석이 미국 가정에 냉장고가 막 보급되기 시작하던 1920년대보다 이미 반세기 전에 만들어졌다는 것이다. 시대를 앞선 시도였다. 최초의 냉장고 자석은 영국에서 처음으로 파운드 숍Pound Shop(지금의 다이소와 같은 개념의 상점. 다만 각자가 원조라고 하는 세상이라 의심해볼 만하다) 사업을 시도한 이매뉴얼 시베로프스키와 윌리엄 글래드스톤 블런트의 작품이다.[28] 이 둘의 인연은 대를 이을 정도로 깊었다. 1871년 이매뉴얼은 배를 타다가 큰 사고를 당했는데, 리버풀 해안에서 배가 빙산에 충돌해 좌초된 것이다. 당시 윌리엄의 아버지인 이점바드가 그를 구출하면서 생명의 은인이 되었다. 이를 계기로 이매뉴얼은 이점바드의 아들인 윌리엄과도 끈끈한 관계를 유지했고, 5년이라는 시간을 보내며 그들은 함께 사업을 하게 되었다. 야심차게 '파운드 숍'이라는 아이디어로 사업을 꾸렸지만 보기 좋게 실패하고 말았다.

1870년대의 1파운드는 현재의 122파운드(한화 약 20만 원)의 가치에 달해서 상점을 찾는 사람이 많지 않았다. 실패의 쓴맛을 본 그들은 미래의 계획을 세우기 위해서 스톡포트로 여행을 떠났다. 체셔 지역의 한 펍에서 자석을 이용하는 상품을 구상했다. 하지만 그들의 아이템은 날개를 활짝 펼치지 못했던 것 같다. 이매뉴얼은 결국 미국으로 돌아갔고, 윌리엄은 그 뒤로도 냉장고 자석을 값싼 장신구로 전환하는 데까지 수십 년의 세월을 보내야만 했다.

미국에서는 냉장고 자석을 말하면 샘 하드캐슬과 윌리엄 지머맨이 선구자로 꼽힌다. 1960년대 후반, 샘은 우주 산업 분야의 트래킹 차트에 쓰일 숫자와 영문자를 자석으로 붙이도록 하는 제품을 의뢰받았다. 샘은 자석에 색깔을 입히는 걸 비롯해서 다양한 기술을 개발했고, 자석이 상품 광고에도 적합하리라는 점을 간파해 기업 광고에도 적극적으로 활용했다. 여행 기념품과 관광 산업이라는 새로운 시장에도 진출했다. 반면 윌리엄은 1970년대 냉장고 자석으로 최초의 특허를 받았다. 특히 냉장고 자석에 만화를 그려넣는 아이디어를

냉장고는 추억 저장고

도입했다.

기발한 아이디어 제공자들은 냉장고 자석이 이렇게 오랫동안 전 세계 사람들에게 사랑받는 날이 올 것이라고 짐작이나 했을까. 기업의 각종 판촉물 광고뿐 아니라, 관광지에 가면 누구나 찾는 기념품으로 만들어지고, 때로는 집을 꾸미는 홈데코용 장식물로 쓰이거나, 수집하려는 취미까지 충족시키는 등 다양하게 사랑받고 있다. 냉장고 자석을 무려 1만 9300개(1997년 기네스북 등재되었다. 현재는 그 수가 4만5000여 개에 달한다고 한다)나 모은 열광적인 수집가가 있을 정도다.

냉장고와 자석은 천생연분이자 환상의 파트너다. 음식이 미각을 통해 추억을 남긴다면, 자석은 추억을 저장고에 붙이는 셈이다. 우리는 어떤 맛을 느끼면서 어느 순간 자신의 과거로 돌아간다. 음식에는 사람을 떠올리게 하는 신비한 힘이 있다. 그리운 맛을 만들어주던 사람이나 그 음식을 함께 나눈 사람을 기억한다. 마찬가지로 냉장고에 자석을 붙이면서 과거를 추억한다. 여행지에서 함께 나눈 사랑이나 돈독하게 맺은 우정과 같은 아름다운 관계를 되새기게 된다. 냉장고 자석은 추억에 관한 공통분모를 활용한 좋은 아이템인 셈이다.

저마다 냉장고와 추억에 얽힌 이야기는 다양할 것이다. 내게는 메모 이야기가 있지만, 누군가는 여행 에피소드가 떠오를 것이고, 누군가는 친정어머니가 때마다 보내주시는 김장김치가, 시골에서 보내준 신선한 식재료가, 혹은 냉장고를 열어볼 때마다 빽빽하게 채워져 있던 까만 봉투가 떠오를 수 있겠다. 그렇게 냉장고는 추억 저장고가 된다.

외로움을 달래주는
유학생의 냉장고

영국 유학 시절의 이야기다. 런던올림픽이 열렸던 해로 때는 2012년이었다. 나는 칼리지에서 제공하는 기숙사에서 지내게 되었다. 우리 층은 외국인 대학원생들만 썼는데 총 7명이었다. 국적도 서로 다르고 전공도 다양했다. 내가 속해 있던 칼리지는 1838년에 설립되었다. 전통을 자랑하는 만큼 건물이 고풍스러웠지만, 시설은 낙후돼 불편했던 게 사실이다. 아름다운 전통을 유지하려면 불편은 감수해야 하는 법이다.

　학기 중에는 칼리지 식당을 이용할 수 있었지만 방학이 문제였다. 식당도 쉬기 때문에 각자 알아서 식사를 해결해야만 했다. 물론 기숙사 층마다 있는 공용 주방에서 요리를 할 수 있었다. 공동으로 사용하는 냉장고도 한쪽에 마련돼 있었다. 다행히 방마다 소형 냉장고가 갖춰져 냄새나는 식재료는 따로 보관했다. 나는 김치를 방 냉장고에 따로 보관했다. 혹여

세인트 힐드 & 베드 칼리지 기숙사 방 내부

더럼대학 주변 풍경

날 수 있는 냄새로 친구들에게 피해를 주고 싶지 않았기 때문이다.

친구들 방에 놀러 가면 방마다 특유의 냄새가 났다. 각종 신기한 향신료와 양념에서 풍기던 것이다. 중국의 국민 소스로 유명한 라자오장辣椒醬을 접한 것도 그때가 처음이었고 (창업주 타오 화비陶華碧 여사의 사진이 포장지에 있어서 강렬한 인상을 남겼다), 네팔 친구의 방에 들어가면 찬장에 있는 커민 냄새가 항상 코를 자극했다.

부피가 큰 채소와 같은 식재료는 주방 냉장고에 보관했다. 시간이 흐르면서 암묵적으로 냉장고 칸의 주인이 생겼지만, 그래도 같이 사용하다보니 불편한 일도 겪기 마련이었다. 상한 재료를 끝까지 치우지 않는 친구도 있고, 허락 없이 재료를 슬쩍 쓰는 녀석도 있었다. 나도 가끔 빌려 쓰긴 했지만, 되도록 장을 봐서 미리 채워넣었다. 칼리지에 한국인이라곤 나밖에 없으니 인색하게 보일 수도 없고, 그렇다고 마냥 관대해질 수도 없는 노릇이었다.

근래에 한국으로 온 유학생 부부를 만나면서 갑자기 내 유학 시절이 떠올랐나보다. 현재 박사과정으로 전남대학에 유학 온 응옌 반 띤 씨는 아내와 일곱 살 된 딸과 함께 한국에 왔다. 반 띤 씨 가족은 기숙사를 이용했던 나와는 달리 학교 부근 단독주택에 산다. 집 주변은 학생들이 주로 거주하는 원룸촌이고, 한국에서 흔히 볼 수 있는 대학 주변의 주택가 풍경이다.

부부의 고향은 베트남 중부의 닥락 지역이다. 닥락은 기후가 따뜻해서 커피 재배 지역으로 유명하다. 반 띤 씨가 내게 소개해준 요리는 고향에서 주로 결혼식이나 잔치 때 먹는 음식이었다. 반호이, 넴란, 가보소이인데, 청혼이나 약혼식 때 예물에 쓰이거나, 결혼 잔치처럼 특별한 날에 차리는 음식이란다. 우리네 이바지 음식(예단 음식)과 비슷한 풍습이다.

베트남에서 혼례를 치르며 보통 신랑 집에서 신부 집으로 예물(혼수)을 보낼 때 쩌우까우, 차, 반호이, 떡과 약간의 돈, 귀걸이, 반지 등의 장신구를 함께 보낸다. 특히 쩌우까우는 담쟁이과로 나무에 붙어 덩굴째 기어 올라가는 식물인데, 쩌우까우처럼 부부가 서로 의지하며 백년해로하라는 의미를 담고 있다. 반 띤 씨 부부도 결혼할 때 음식들을 모두 준비했다고 한다.

함께 요리하는 반 띤 씨 부부

**넴란을 만드는
아내 뛰응안 씨**

아내 뛰응안 씨는 한국에서 베트남 음식을 요리하는 데 특별히 어려운 점은 없다고 했다. 처음 왔을 때는 정보가 부족했지만, 먼저 정착한 분에게 도움도 받고 베트남 재료 구하는 법도 터득하게 되었다. 근처에 아시아 식품 상점도 있고, 인터넷에서 주문하면 빵, 라이스 페이퍼, 연유도 살 수 있다고 한다. 설날에는 반쯩Bánh chưng, 베트남 설 음식을 살 수 있고, 바나나 잎도 살 수 있어서 이제는 베트남 음식을 요리하는 데 편해졌다.

"냉장고에 고기와 생선을 많이 얼려두지 않아요. 집 근처에 말바우 시장과 슈퍼마켓이 있어 장을 자주 보는 편이죠. 베트남 사람들은 거의 매일 장을 봐요. 우리 시어머니는 매일 같이 시장에 가시죠. 갈 때마다 신선한 음식을 사서 그날 바로 먹곤 해요. 아마 냉장고보다 더 좋을 거예요. 제가 보기에 한국 사람들은 온종일 일하느라 정말 바쁜 것 같아요. 그러니까 일주일에 한 번 정도만 시장에 가서 일주일 치 식료품을 사는 거죠. 친구들을 보면 보통 주말에 일주일 치 음식을 몰아 요리하는 것 같더라고요. 다들 바쁘니까 그렇게 한다고 생각하지만 신선한 음식을 먹는 게 건강에 훨씬 좋다고 생각해요."

그녀가 냉장고를 보여줬는데 죽순이 눈에 띄었다. 베트남에서는 죽순과 돼지고기, 소고기가 궁합이 잘 맞는다고 해서 요리에 자주 사용한다. 죽순은 비싼 재료에 속하고 제사 음식으로도 자주 올려진다. 친정엄마께서 특별히 고향에서 보내주셨다고 했다. 바로 옆 담양이 대나무가 유명하다고 알려주었더니 베트남 것과는 차이가 난다고 설명했다.

"즐겨 먹는 음식 중에 닭고기 죽순 국수Miến măng gà가 있는데, 베트남에 계신 어머니께서 죽순을 건조시켜 보내주셨어요. 죽순은 한국에서도 구할 수 있지만, 한국의 죽순은 얇고 속이 비어 있죠. 베트남 죽순은 아주 조밀하고 두껍습니다. 닥락은 특히 죽순 맛이 좋아 어머니께서 늘 챙겨주시죠. 어머니 덕에 우리는 고향을 기억하고 고향의 맛을 한국에서도 먹을 수 있답니다."

아무리 현지에서 적응을 잘해도 유학생은 외로움을 느끼고 고향을 그리워할 수밖에 없다. 코로나19 팬데믹 상황에서는 더 어려운 시간을 보낼 수밖에 없을 것이다. 명절이나 연휴에 친구들과 같이 모여 음식도 먹고, 시간을 함께 보내며 향수를 달래면 좋겠지만 이마저 쉽지 않은 상황이다. 타지에서 힘든 생활을 하고 있는 부부에게 고향 음식의 한 끼는 큰 힘이 된다.

다시 내 과거의 이야기로 돌아가본다. 어느 날 친구들이 소포 꾸러미를 보내줬다. 영국에서는 구할 수 없는 신제품 라면을 포함해서 귀한 팩 소주까지 세심하게 챙겨주었다. 역시 소주는 그 맛을 모르는 외국 녀석들보다는 한국 지인과 함께 나누는 게 인지상정이다. 선배 박사 부부께 바로 연락을 드렸다. 얼른 자기네 집으로 건너오라며 안주는 준비해주시겠단다.

"효윤아, 이게 뭔지 아니? 테스코TESCO에서는 구할 수 없지. 여기에선 정육점butchers에서도 고기를 한국처럼 얇게 썰어주질 못해요(오겹살처럼 두꺼운 포크벨리는 구하기 쉽다. 오븐에 구우면 나름 맛있지만, 한국식 삼겹살과는 다르다). 그런데 여기 있으니깐 대패 삼겹살 당기지 않냐? 네가 소주를 공수해왔으니 내가 특별히 보여주마. (빵 커터기를 꺼내서 삼겹살을 얇게 썰며) 짜잔! 어때? 대패 삼겹살이랑 똑같지?"

내 인생에서 만난 최고의 삼겹살이었다.

반호이 Bánh hỏi

© 광주대학교×아시아문화원 컨소시엄

넴란 Nem rán

가보소이 Gà bó xôi 요리

넴란과 가보소이 요리 과정

4장

냉 장 고 와
멀 어 지 기

Stepping away from the Fridge

"내 어린 시절엔 대가족이 살았는데도
냉장고 200리터면 족했는데……"

칼럼 댓글 중에서

잃어버린 전통 식재료
저장 기술

냉장고에 대한 조사를 시작하지 않았다면 만나지 못했을(평소 찾아볼 생각조차 못 해본) 책이 있다. 우연히 두 권 다 저자가 일본인이다. 먼저 소개할 책은 일본 아사히신문 출판부에서 발행한 『식품 보존 방법』이다(한국어판은 성안당에서 2016년에 발행). 전 도쿄농업대학의 도쿠에 지요코 교수가 감수한 글이다. 이 책은 식품 보존의 기본(개설), 채소·과일의 보존법, 육류·어패류의 보존법, 달걀·유제품·콩 제품·가공품의 보존법, 주식(쌀, 잡곡, 밥, 면류 등) 및 기타 식품의 보존법, 이렇게 다섯 부분으로 구성되어 있다.

이 책에 의하면 식품 보관에 있어서 가장 기본적인 보관 방법은 다섯 가지다. 상온에 보존하기, 냉장 보존하기, 냉동 보존하기, 말리기, 절이기다. 재료마다 적합한 보존법이 달라 무려 175가지의 식재료 보관법에 관해 상세한 기술을 하고 있다. 마치 백과사전처럼 구성된 글이다. 예를 들어 두부는 냉장하면 닷새까지 보존할 수 있는데 다음과 같이 한다. ①요리하고 남은 두부는 팩의 물을 버리고, 보존 용기에 옮겨 깨끗한 물이 잠기게 한다. ②물을 매일 갈아준다. 차갑고 깨끗한 물을 사용한다(소금을 첨가하기도 한다). 매일 물을 갈아주는 것이 오래가는 비결이다.

냉동한다면 무려 한 달까지 보존할 수 있다. ①프라이팬에 물기를 짠 두부를 넣고 가열해서 물기를 없앤다. ②조미료로 맛을 낸다. ③식힌 다음 냉동용 지퍼백에 넣는다. 평평하게 펴서 냉동 보관한다.

두부 보관법을 진작 알았더라면 나도 아내에게 점수를 땄을 것이다. 항상 문제는 귀찮아하는 태도였다. 사용하고 남은 두부를 팩 그대로 냉장고에 넣어뒀다가 아내에게 혼나는 일이 다반사였다. 출판사에서는 이 책을 부엌 필수 도서로 신혼부부 선물로 강력 추천한다고 홍보한다. 마치 나처럼 어리숙한 사람을 겨냥해 만든 책 같다. 그동안 마트에서 구매한 재료는 무조건 냉장고에 넣는 것이 마음 편했던 사람에게 꼭 필요한 책이다.

이 책을 읽으면 식재료 보관에 관한 다양한 꿀팁을 얻을 수 있다. 예를 들어 고기와 생선류를 오래 보존하려면 일반 용기보다는 열전도율이 높은 금속 쟁반(금속 용기)에 담아 보냉제를 함께 올려놓으면 좋다. 신선도가 떨어지기 전에 급속 냉동시킬 수 있기 때문이다. 그 외에 비닐봉지나 키친타월, 신문지, 랩, 밀폐 용기 등을 활용하는 방법도 알려준다. 물론 편리하다는 장점은 있겠으나, 환경도 고려해야 하는 현시점

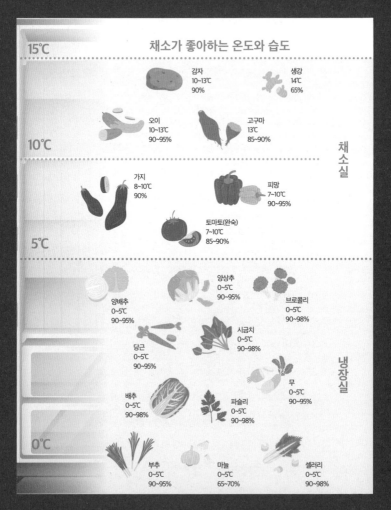

채소가 좋아하는 온도와 습도

15℃

감자
10~13℃
90%

생강
14℃
65%

오이
10~13℃
90~95%

고구마
13℃
85~90%

10℃

채소실

가지
8~10℃
90%

피망
7~10℃
90~95%

토마토(완숙)
7~10℃
85~90%

5℃

양배추
0~5℃
90~95%

양상추
0~5℃
90~95%

브로콜리
0~5℃
90~98%

당근
0~5℃
90~95%

시금치
0~5℃
90~98%

무
0~5℃
90~95%

냉장실

배추
0~5℃
90~98%

파슬리
0~5℃
90~98%

0℃

부추
0~5℃
90~95%

마늘
0~5℃
65~70%

셀러리
0~5℃
90~98%

채소가 좋아하는 온도와 습도(『식품 보존 방법』, 27쪽)

에서 대체재나 친환경 포장법도 함께 고민해야 할 것이다.

두 번째로 소개할 책은 『냉장고 정리술』이다(한국어판은 중앙북스에서 2013년에 발행). 저자는 일본 요리 연구가인 시마모토 미유키다. 이 책의 구성은 공간별 냉장고 수납 방법, 낭비를 줄이는 식재료 보관 방법, 남은 식재료를 활용한 아이디어 레시피 이렇게 3장으로 이루어져 있다.

반찬은 한눈에 볼 수 있도록 투명 보관 용기를 사용하기, 냉장실에 여유 공간이 없을 때는 2단식 수납랙을 활용하기, 고기나 생선 등을 자연 해동할 수 있는 공간은 남겨두기, 트레이를 이용해 저온냉장실의 영역을 분리해서 쓰기, 채소실 바닥에는 신문지를 깔아두기, 쓰고 남은 채소는 트레이 한곳에 모아놓기 등 냉장고 수납 방법을 공간별로 제시하고 있다. 본문의 대부분은 자주 사용하는 데일리 식재료 93가지의 보관 방법에 관해 설명하고 있다.

이러한 냉장고 활용법에 관한 책이 등장했다는 건 냉장고가 생기면서 오히려 사람들이 식품 저장 방법을 잃어버렸다는 것을 역설적으로 보여준다. 당연한 결과다. 부엌으로부터의 자유! 식자재 고유의 성질을 파악하고 저마다의 방법으로 저장하는 작업은 여간 손이 많이 가는 일이 아니었다. 우리의 만능해결사 냉장고가 생겼는데 번거롭게 작업할 필요가 있겠는가.

돌이켜보면 우리 어머니들의 손길은 항상 분주했다. 햇볕이 드는 날에는 바닥에다 멍석을 깔고 빨간 고추, 호박, 무, 고사리 등 산나물을 널어 말렸다(태양에너지를 담아 몸속 양

마당 풍경(경기도 파주시 교하읍, 2007년)

기를 유지하고자 했던 선현들의 지혜다). 처마 밑에는 곶감, 시래
기, 메주를 매달아 말렸으며, 바람이 잘 들고 서늘한 곳에서
는 양파나 마늘 같은 것들을 쭉 매달아놓았고, 콩, 팥, 깨 등
을 털어 낱알을 일구기도 했다. 날곡식이나 씨앗은 항아리에
보관했다.

　　장독대에는 곡식 외에 간장, 된장, 고추장 등 각종 장을
수십 개는 기본으로 담갔다. 많은 장독을 사용하려면 깨끗이
씻어야 했는데, 장독 닦는 것도 예삿일이 아니었다. 전통 된
장의 종류만도 손으로 셀 수 없을 정도였다. 막된장, 토장, 막
장, 담북장, 즙장, 생황장, 청태장, 팥장, 청국장, 집장, 두부장,
비지장, 무장 등 다양했다. 그뿐만이 아니었다. 갖가지 장을
모두 담그고 나서도 일은 계속되었다. 장을 맛있게 숙성시키

황태 건조(강원도 평창 대관령, 2006년)

려면 낮시간을 이용해 뚜껑을 열고 햇볕을 쬐어주어야 했다. 발효와 살균 작업이다. 이때 날벌레나 이물질이 들어가지 않도록 헝겊이나 촘촘한 망을 씌웠다.

　냉장고의 탄생으로 인류가 어느 정도의 가사노동에서 해방된 건 사실이다. 무엇보다 간편하고 편리했다. 재료마다 복잡한 보존 방법을 더 이상 외우지 않아도 되었다. 손 많이 가는 번거로운 일에 시간을 소비하지 않아도 되었다. 대신 우리는 냉장고 탄생 반세기 만에 조상으로부터 수천 년간 내려오던 식재료 보존 기술을 잃어버렸다. 그래서 이런 책을 접하고는 "조상들이 이렇게 지혜로웠구나!" 하며 감탄한다. 책 내용 중 사실 특별한 건 없다. 예전부터 내려오던 민속 지식을 바탕으로 식품 보관법을 현대에 맞게 응용하고 과학적인 설명을 추가했을 뿐이다. 씁쓸한 사실이지만, 뭐든 잃어봐야 비로소 그 가치를 아는 법이다.

전기 먹는 하마를
다루는 법

냉장고의 본질적인 기능은 음식 재료를 오랫동안 신선하게 보존하고 저장하는 데 있다. 냉장고가 생기면서 우리는 번거롭게 재료를 미리 손질해서 건조시키거나 소금에 절일 필요가 없어졌다. 매일 장을 보지 않아도 되고, 반찬을 한꺼번에 만들어놓았다가 필요할 때마다 데워서 먹을 수 있다. 더구나 시원한 음료나 아이스크림으로 더위를 식힐 수도 있게 되었다.

　반면 이러한 편의성 때문에 냉장고를 신봉하는 맹신으로 이어져 굳이 냉장고에 보관하지 않아도 될 식품까지 무조건 처박아놓는다. 일반적인 냉장고 내부 온도는 섭씨 1도에서 4도 사이인데, 토마토와 가지, 피망은 7도, 오이와 고구마는 10도, 감자와 생강은 13도 이하에서 보관하면 저온 장해를 겪게 된다. 망고, 아보카도, 파인애플과 같은 열대 과일은 냉장고가 아니라 상온에 보관하는 것이 상식이지만 우리는 만능 냉장고를 신뢰하기 때문에 냉장고로 직행시킨다.

그러다보니 잔뜩 구매한 재료는 꼭꼭 숨겨 어디에 뒀는지 잊어버리는 바람에 차곡차곡 쌓여 썩어간다. 이렇게 묵혀두다가 결국 음식물 쓰레기로 버려지는데 이를 해결하기 위한 사회적 비용은 커져만 간다.

한국환경공단에 따르면 한국에서 버려지는 생활폐기물 중 약 25퍼센트가 음식물 쓰레기라고 한다. 이 중 70퍼센트가 가정 및 소형 음식점에서 발생하며 그 음식물 쓰레기 중 약 13퍼센트는 손도 대지 않은 채 보관만 하다가 버린 것들이라고 한다. 한 주에 10만 원어치 장을 봤다면 1만 원 이상은 그냥 버리는 셈이다.[1]

음식을 저장하려고 냉장고를 사용하는데 도리어 음식 쓰레기를 만드는 물건이 되고 말았다. 냉장고 안에 현대인의 욕망과 소비에 중독된 습관이 감춰져 있는 것 같다. 편리한 문명사회를 선택한 대가로 지불해야 하는 기회비용은 피할 수 없는 인과관계다. 과연 전자제품의 탄생이 인간과 환경에 얼마나 영향을 미치고 있을까.

냉장고는 24시간 동안 가동하다보니 가전제품 중에서도 소비력이 가장 높다. 그렇다고 냉장고를 합리적으로 사용하고 있는가 따져본다면, 사실 남용되는 부분이 더 많다. 한국의 겨울철을 생각해보자. 집 밖의 온도는 섭씨 영하 10도인데 아파트 내부는 24도를 웃돌게 해놓고, 다시 부엌에 있는 냉장고는 온종일 가동하게 한다. 과연 효율적인 방식으로 에너지를 쓴다고 할 수 있을까. 냉장고 사용의 모순이다.

물론 반론을 제기할 수도 있을 것이다. 이를테면 사시사

채울 수 없는 냉장고

철 눈이 오고 꽝꽝 어는 알래스카에서도 냉장고는 거래된다고 말할 수 있다. 냉장과 냉동에는 차이가 있기 때문이다. 냉동해야 하는 식재료도 있지만, 냉장 보관해야 하는 재료도 있다. 냉장은 단순하게 얼리는 게 아니라 온도 유지가 중요하다. 이러한 차이 때문에 알래스카에서도 냉장고에 대한 수요가 발생한다.

그렇다면 알래스카에 사는 고객에게는 냉장고를 냉동칸 없이 냉장칸만 넓혀서 판매하면 어떨까. 우리가 흔히 사용하는 일체형이나 양문형 냉장고처럼 천편일률적인 설계가 아니라 사용자의 환경을 고려하여 맞춤으로 제작하는 것이다. 예를 들어 일본의 발명가인 후지무라 야스유키는 몽골 유목민을 위해서 맞춤 냉장고를 개발했다. 이 발명가는 냉장고를 사용하기 힘든 조건인 초원에서 전기 없이 사용할 수 있는 '냉기 자연대류방식 냉장고'를 만들었다. 밤낮의 일교차가 극심한 초원의 기후에 적합한 방식을 고안했고, 결국은 한낮 기온이 섭씨 30도인 여름에도 냉장고 내부를 섭씨 4도 이하로 유지하는 데 성공했다.[2]

몽골 대초원의 유목민이든, 광활한 호수에서 수상생활을 하는 미얀마 인레호수의 인타족이든, 험준한 산악지역에 들어가 계단식 논을 만든 필리핀 이푸가오족이든, 인류는 그동안 자연환경에 순응하고 적응하면서 살아왔다. 주어진 환경에 맞는 생업활동을 하고 도구民具를 만들어 사용했다. 우리네 민구民具의 대표적인 소재는 짚풀이다. 도작稻作 문화권에서 짚풀은 가장 흔했기 때문에 생활에 적극적으로 활용했다. 초

가지붕, 짚신, 망태, 달걀 꾸러미, 삼태기 등 집 안 구석구석 짚으로 만든 생활용품이 가득했다.

일상생활용품은 대부분 주변에서 얻은 소재로 만들었고 사용 뒤 버리면 썩어서 자연으로 돌아갔다. 이렇듯 가전제품도 대량생산과 이윤 추구에만 매달리지 않고 지역 생태계를 고려하면서 발전시킬 수는 없을까.

온종일 돌아가는 냉장고의 전력 낭비는 두말할 필요도 없다. 후지무라 박사에 따르면, 냉장고 문을 여닫을 때마다 외부로부터 침입한 열을 다시 식히는 데 에너지의 90퍼센트가 낭비된다고 한다. 냉장고 속 공기를 식혀서 저장물을 차갑게 만든다는 실제 목적에 사용된 에너지보다 비효율적으로 쓰이는 에너지가 더 많다는 뜻이다. 이유는 간단하다. 냉장고는 공기를 식혀서 저장물을 차갑게 만드는 원리인데, 공기를 매개로 저장물을 식히는 게 여간 어렵지 않은 것이다. 내부 공기가 차가워지기도 전에 냉장고 문을 여닫으면 이때까지 열심히 식혀왔던 냉장고 속 공기는 밖으로 빠져나가기 때문이다.

이쯤 되면 질문이 떠오를 것이다. "그래서 냉장고를 쓰라는 거야, 말라는 거야?" 이러한 물음에 명확하게 결론을 내릴 순 없지만, 사실 나는 단순한 이항 대립의 문제를 다루기보다 냉장고의 탄생과 함께 성장한 소비주의 시대에 대한 반성과 성찰이 더 중요하다고 본다.

냉장고 없고 전기도
들어오지 않는 비전화 카페

여러분, 다들 집에서 음식은 어떻게 보관하세요? 당신만의 특
별한 비법이 있나요?

아니, 아니…… 냉장고에 두는 것 말고요.

도시생활을 하는 현대인에게서 특별한 대답을 기대할 수
있을까. 채소, 고기, 유제품, 해산물, 과일 등 식자재마다 고유
한 특징이 있을 텐데 우리는 구분 없이 무작정 냉장고에 다
넣는다. 냉장고가 발명되기 전에 우리 할머니들은 식재료를
건조시키거나, 염장하거나, 발효시키면서 다양한 방식으로
재료를 보관하려고 갖은 노력을 했다. 하지만 이제 지역마다
내려오던 음식 저장법에 관한 지혜는 사라지고 있다.

TV를 바보상자라 부르던 때가 있었다. 냉장고 역시 그렇
게 볼 수 있지 않을까. 냉장고를 쓰면서부터 실온에 보관해야
할 음식도, 심지어 각종 조미료까지 별생각 없이 냉장고에 넣

**전기가 들어오지 않는 카페,
'비전화 카페'의 전경**

어버린다. 재료마다 깐깐하게 분류하기가 귀찮을 뿐 아니라 '냉장고는 뭐든 해결해줄 거야'라는 믿음에 기대니 마음도 편하다. 하지만 너무 많은 걸 넣다보니 무엇을 두었는지 기억할 수 없다. 결국 유통기한이 지나 상한 식재료가 부지기수다.

　음식과 나의 관계는 그렇게 단절되기 시작했다. 냉장고에 의지하지 않고서는 음식을 장기간 보관할 수 없게 되었다. 게다가 내 입으로 들어가는 식품이 어디서, 누가 만들었으며, 어떤 과정을 거쳐서 식탁까지 오르게 됐는지 알 길이 없다. 관계의 실종이다. 상품을 소비하고 냉장고에 두기만 하면 되는 편리성이 도리어 우리를 음식으로부터 멀어지게 만들었다.

211

이번 프로젝트를 수행하면서 만난 특별한 발명가들도 이러한 고민에서 제품을 개발하기 시작했다고 한다. 그들은 '비전화非電化 공방서울' 출신의 제작자로 '솜이, 잇다, 규온'이다(공동체 내에서는 가명을 사용한다).

그들을 처음 본 곳은 '비전화 카페'라는 재미난 곳이었다. 서울 도심 지하철역(불광역) 도보 5분 거리에 『헨젤과 그레텔』 동화에서 나올 법한 오두막집이 있는데, 여기에 가면 그들을 만날 수 있다. 아담한 카페 건물은 단체 멤버들이 직접 지었다고 한다. 나무로 기틀을 잡고, 볏짚으로 벽체를 만들어 그 위에 황토와 석회 미장으로 마감처리를 했다. 전문 용어로 스트로베일straw bale 공법이라고 했다. 짚으로 만든 블록을 중심으로 하여 실내와 외부에 흙을 바르는 형식인데, 볏짚뿐 아니라 억새풀을 사용하기도 한다. 게다가 왕겨를 단열재로 활용해서 말 그대로 친환경적인 건축물이라 할 수 있다. 손수 작업하다보니 투박한 면도 없지 않지만, 분명 공간에서 풍기는 아늑한 맛이 있다.

'非電化', 문자 그대로 그들은 전기 없이 사는 '노 플러그 no plug' 삶을 지향한다. 전기와 화학물질에 대한 의존도를 낮추는 방법을 고민하고, 에너지 사용을 최소화하는 삶을 실천하는 작은 공동체다. 이들의 목적은 도시의 인프라 밖에서도 충분히 잘 살 수 있는 방식을 탐구하는 것이다. '비전화제작자'라고 불리는 이들은 자신들의 실천 정신을 담은 다양한 제품을 개발했다. 그리고 비전화 카페는 그들 삶의 방식을 소극적으로나마 체험해볼 수 있는 공간이다.

카페에는 전기가 들어오지 않았다. 내부에는 전기조명이 없어 한낮에도 약간 어두웠다. 하지만 오일 램프의 따스함과 창문으로 들어오는 은은한 자연채광, 그리고 한켠에 화덕이 자리 잡고 있어 편안한 분위기를 자아냈다. 자연스럽게 치유되는 느낌이랄까. 원목 테이블과 선반, 벽을 장식한 책장, 의자 소품들 하나까지 직접 수작업으로 만들어 가구들과 카페 분위기가 안성맞춤이었다.

전기를 쓰지 않으니 당연히 카페에는 냉장고도 없었다. 대신 아이스박스처럼 보이는 것이 눈에 띄었다. 지붕에 태양광 패널을 연결해서 배터리를 사용하는데, 얼음을 얼릴 수는 없지만 박스 내부 온도는 섭씨 10도까지 낮출 수 있다고 한다.

"자, 먼저 목을 축이세요. 어때요? 물이 참 시원하죠! 10도 정도만 낮춰도 충분히 시원해져요. 굳이 얼음을 찾지 않아도 되죠. 지나치게 찬 물은 건강에도 좋지 않잖아요."

오늘의 바리스타인 또 다른 제작자 찰스가 나를 반갑게 맞이해줬다. 내가 멀리서 찾아왔다고 했더니 그는 커피 로스팅부터 추출까지 제대로 보여주겠다며 나섰다. 먼저 전기를 사용하지 않고 수돗물을 정화했다. 야자 활성탄으로 만든 비전화 정수기로 거른 물은 깨끗했다. 야자 활성탄은 야자 껍질을 고온에서 구운 숯인데, 활성탄이 수돗물의 소독 부산물인 화학물질을 제거해준다.

다음 작업으로, 역시 그들이 개발한 제품 중 하나인 비전화 로스팅기를 사용해서 원두를 볶았다. 커피 원두는 공정무역으로 구매했다.[3] 갓 볶아낸 커피콩은 키질하면서 껍질을

213

날렸다. 그리고 수동 그라인더에 넣고 원두를 갈았다. 뒤이어 그는 알코올램프에 불을 붙여서 커피를 내리는 사이폰siphone 커피를 준비했다. 이 단계까지 오자 그가 바리스타라기보다는 중세시대의 연금술사처럼 느껴졌다.

전기의 도움 없이 만드는 커피

그는 사이폰 커피메이커의 상부 로드에 융필터를 고정한 뒤 원두를 넣었다. 종이 필터 폐기물을 줄이기 위해서 번거롭더라도 융필터를 사용한다고 부연 설명을 했다. 하부 플라스크에 물을 붓고 성냥으로 알코올램프에 불을 붙여 가열하기 시작했다. 물이 점차 끓어올라 하부 플라스크에 압력이 차자 관을 통해서 뜨거운 물이 상부로 올라갔다. 상부 로드에 있는 커피 가루가 드디어 물과 만나 적셔졌고, 알코올램프를 끄자

필터를 통해서 커피가 여과되어 다시 플라스크로 내려왔다.

커피 한 잔의 소중함을 깨달을 수 있는 마법과도 같은 경험이었다. 드디어 30분 가까이 정성 들여 만들어진 커피를 영접할 수 있었다(물론 내게 설명하느라 시간이 좀더 길어졌다). 함부로 대할 수 없는 커피였다. 마치 시간이 멎은 듯한 동화 속 공간에서 나는 모처럼의 여유를 즐기며 그들과 대화를 이어나갔다.

과소비 사회에 등장한
비전화 제품

365일 24시간 가동되는 냉장고만이 음식을 보관할 수 있는 유일한 방법은 아니다. 냉장고가 없어도 살아갈 수는 있다. 문제는 실천이다. 전기 없이 살아가는 발명가들의 모임, 몸소 실천하는 활동가 '비전화제작자'의 이야기를 좀더 해보겠다.

비전화제작자들은 생활에 필요한 것을 직접 만들면서, 손을 쓰고 몸을 움직이며 기술을 익히는 재미에 빠져들었다고 한다. 스스로 만든 결과물을 보면 행복해진다고나 할까. 삶을 스스로 구성하는 힘을 키우면서 자존감이 자라나는 계기가 되었다. 제작자 '솜이'가 이야기를 시작했다.

"마트에 가면 1+1 행사 제품을 많이 사서 냉장고에 보관하다가 결국 쓰레기로 버렸던 경험이 누구에게나 있잖아요. 돈 주고 사서 돈을 버리고, 에너지는 에너지대로 낭비되는 부분이 있다고 생각해요."

그녀는 자연과 어떻게 공생할 수 있을지를 고민한다. 음식을 저장해왔던 선현들의 지혜를 참고하고, 음식 저장법의 선택지를 다양하게 넓히기 위해서 비전화 제품을 만든다고 했다.

"당연히 냉장고가 필요할 때도 있죠. 그렇지만 다른 방식으로 보관할 때 비로소 더 건강해지는 재료들이 있거든요. 그리고 냉장고가 아니라도 음식을 오래 보관할 수 있는 다양한 방법이 있다는 것도 알게 됐어요."

채소저장고를 제작한 '잇다'가 거들었다. 그녀가 전달하려는 메시지는 제품 자체뿐만 아니라, 식재료 보관에 관한 생각의 폭을 넓혀보자는 데 있다. 한마디로 말해 제대로 보관한 식재료로 요리해 먹자는 것이다.

그녀는 이어서 음식을 보관하는 다양한 방법이 부엌의 풍경을 조금 더 다채롭고, 부엌답게 만들어준다고 했다. 어릴 적 할머니 댁을 떠올려보자. 마당에 가면 서로 키 자랑하듯 장독들이 줄 맞춰 놓여 있고, 따스한 햇볕과 시원한 바람에 무청 시래기나 붉게 잘 말린 고추도 보이고, 짚으로 만든 달걀 꾸러미와 벽에 걸어둔 양파망 등이 있어 모두 정감이 간다.

식품과학의 발전에 따라 인류는 편리함을 얻었지만 동시에 환경오염과 음식쓰레기 등의 사회적 문제가 수반되었다. 이제 우리는 지구 환경과의 공존, 생명 중심의 가치관으로의 전환, 공장식 대량생산 시대에 대한 성찰과 같은 과제에 직면해 있다.

나는 부엌에서부터 그 해법을 찾을 수 있지 않겠냐고 그들에게 물었다. 대안이 될 수 있는 제품을 개발하거나, 미래

217

햇빛식품건조기를 제작 중인 솜이

지향적인 식문화를 제시하기 위해서 적정 기술과 비전화운동의 철학이 도움을 줄 수 있을 거라고 했다. 그래서 우리는 함께 조상들이 물려준 오래된 지혜를 활용하고 소중함을 깨우칠 수 있는 저장고를 만들어보기로 했다.

먼저 채소저장고Vegetable storage는 채소 각각이 가진 특성에 맞춰 최대한 자연에 가까운 방식으로 보관할 수 있도록 만들었다. 이를테면 감자는 어두우면서 바람이 잘 통하는 게 중요하기 때문에 통풍구를 냈다. 따뜻한 흙 속을 좋아하는 고구마는 왕겨를 넣은 서랍을 만들어서 보관고를 제작했다. 다른 칸에는 따뜻하면서도 직사광선이 닿지 않고, 날벌레가 접근하지 못하도록 색유리를 설치했다. 마치 부엌의 찬장 느낌이 나듯이 제작했다.

비전화 카페에서 채소저장고를 사용하는 잇다

무엇보다 채소가 원하는 환경을 아는 것이 중요하다. 마늘이나 월동배추, 시금치처럼 겨울을 날 수 있는 작물은 비교적 서늘하게(섭씨 영하 2도에서 영상 1~2도 사이) 보관하고, 수박이나 오이처럼 여름이 제철인 채소들은 비교적 높은 온도에서(영상 10~15도) 저장한다. 바나나, 오렌지, 아보카도와 같은 열대 과일은 실온에서 보관하는 것이 좋고, 습도가 높은 곳에서 자라는 파프리카, 가지와 같은 작물은 다른 작물에 비해 많은 수분을 요하므로 물컵이나 물통을 같이 넣어서 수분을 보충해주도록 한다.

두 번째 제품인 햇빛식품건조기Solar food dryer 는 태양열을 이용해서 식품을 건조하는 제품이다. 투명한 유리를 통해 들어온 태양열이 상자 내부의 온도를 60도 이상으로 높여준다.

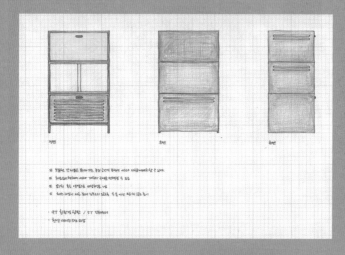

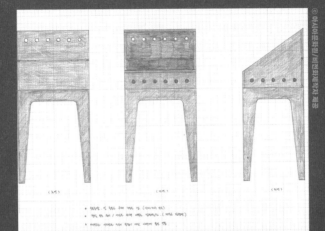

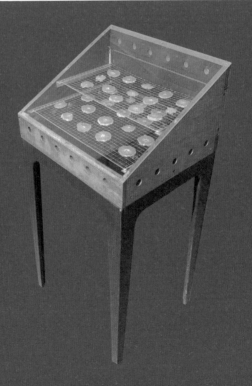

식품이 가진 수분이 증발하면서 밖으로 나오고, 앞뒤 통풍구를 통해서 흐르는 공기를 타고 수분이 배출되면서 식품이 점점 건조되는 방식이다. 볕이 좋고, 비가 많이 내리지 않는 봄이나 가을에는 2~3일이면 먹기 좋게 바짝 건조가 된다.

햇빛식품건조기에 제일 중요한 건 햇빛이다. 제품을 사용하면서 해가 어디서 뜨고 지는지, 몇 시에 어느 위치에 있는지를 관찰하게 된다. 그러면서 새삼스럽게 자연의 은혜를 느낄 수 있다. 태양에너지를 받아 건조된 식품은 전기로 건조된 것과 비교해 맛과 영양이 더 많이 응축된다. 맛이 진해지고 식감도 좋아진다. 전기도 아낄 수 있으니 일거양득이다. 햇빛식품건조기로 과일, 채소, 고구마, 버섯, 각종 허브를 말려서 허브티나 뱅쇼, 오이 절임, 말랭이 등의 훌륭한 간식을 만들 수 있다.

마지막으로 태양에너지 저온고Low temperature storage는 친환경 에너지를 사용하는 냉장고다. 프레온가스 같은 냉매가 아니라 펠티에소자peltier effect device라는 장치를 이용해서 만들었다. 오존층 파괴의 주범인 프레온가스를 사용하지 않고, 태양광 패널을 이용해서 자가전력을 가동한다. 펠티에소자를 이용하면 외부 온도보다 10도 정도 낮출 수 있다. 얼음을 얼릴 수는 없지만, 체감상 시원한 음료는 마실 수 있다.

한편, 펠티에소자는 펠티에 효과를 이용한 전자소자電子素子, 전자냉각소자라고 한다. 펠티에 효과는 서로 다른 금속을 연결한 후에 전류를 흘려주면 한쪽은 발열하고, 다른 쪽은 흡열(냉각)하는 현상을 말한다.[4] 즉, 에너지를 받으면 온도

태양에너지 저온고 완성된 제품

<냉장고 환상> 전시의 비전화 제품

가 높아지고, 에너지를 내주면 온도가 떨어지는 기능을 하는 장치다.

　제작자 잇다는 비전화 제품을 제대로 활용하려면 두 가지 전제 조건이 꼭 뒷받침되어야 한다고 당부했다.

　"하나는 제철 먹거리를 사용할 것, 또 하나는 적당량이어야 한다는 거예요. 특히 '적당량'이라는 건 개인마다 커다란 차이가 있고 스스로 관심을 두지 않으면 제대로 알기가 어렵죠. 식재료 자체에 관한 관심도 중요하지만, 무엇보다 내가 무엇을, 어느 정도의 주기로, 얼마만큼 소비하는지를 알아야 하거든요. 이 저장고가 나 스스로에 조금 더 관심을 두는, 나의 일상을 더 관찰할 수 있는 도구가 되었으면 하는 바람입니다."

뒤이어 과묵히 있던 제작자 '규온'(태양에너지 저온고 제작자)이 우리 대화를 멋있게 정리해주었다.

"저온고에 필요할 때마다 필요한 양만큼만 넣어서 사용한다면 전기 효율을 걱정하기보다 내 삶의 효율을 조금 더 높이고 풍요롭게 만들 수 있지 않을까 생각합니다."

결국 음식과 식재료를 건강하게 먹음으로써 자아를 되찾는 길이 중요하다는 것을 깨달을 수 있었다. 건강하게 저장된 먹거리가 가장 좋은 풍미와 영양소를 가지고 있으므로, 입안에서의 즐거움은 물론 몸과 마음의 건강까지도 바르게 세워갈 수 있을 것이다.

냉장고 파먹기:
비움과 즐거움

냉장고 문을 활짝 열어놓아서 엄마한테 등짝 스매싱을 당했던 어릴 적 일이 생각난다. 나는 뭐가 이렇게 많이 들어 있나 궁금했을 뿐인데 말이다. 더 야속한 건 문이 열리고 얼마 지나면 어김없이 소리를 내는 알림음이다. 구원 요청이라도 보내는 듯 요란하게 엄마를 불러댔다.

내 기억 속 우리 집 냉장고는 엄마의 전유물이었다. 마치 종부가 곳간 열쇠를 쥐고 종갓집의 실권을 행사하는 것과 비슷했다. 우리 집에서 냉장고 문을 자주 여닫는 것은 금기였다. 미루어보건대 전기세가 많이 나간다는 것은 표면적인 이유였을 테고, 정리되지 않은 복잡한 냉장고를 자식에게조차 내보이고 싶지 않았던 건 아닐까 추측해본다.

냉장고 문을 자주 열면 냉장고 안의 온도가 올라가니 냉장고는 다시 온도를 낮추기 위해 가동될 것이고, 그러면 전기세가 올라간다는 엄마의 말이 맞기는 하다. 그러나 성인이 되어 독립한 뒤에도 나는 여전히 냉장고 뒤지는 것을 좋아한다. 냉동칸까지 재료를 탐색하며 오늘은 무엇을 요리해 먹을지 아이디어를 떠올린다. 가끔 꽝꽝 얼어 있는 보물을 발견할 때면 기분이 좋아진다. 해동시켜 요리 한 접시로 재탄생시키면, 마치 내가 연금술사라도 된 듯 뿌듯하다.

코로나 상황이 안정되면 '냉장고 파먹기' 파티를 열고 싶은 심정이다. 냉장고 재료로 각자 요리를 해와서 먹는 포틀럭 파티potluck party 말이다. 동료나 지인들을 집에 초대하는데, 참석 조건은 각자의 냉장고 속 재료만으로 만든 요리를 갖고 오는 것으로 정하면 더 좋다.

누군가의 집 냉장고에는 시골에서 보내주신 양파랑 마늘이, 아니면 어머니가 해주신 김장김치가, 남편이 낚시로 잡은 신선한 생선과 해산물이 들어 있을 것이다. 다진 돼지고기처럼 요리하다 남은 재료도 많을 것이다. 냉동칸 자리를 차지한 골치 아픈 녀석들을 처리할 수 있고, 여럿이 함께 먹으니 기억에 남는 한 끼가 될 수 있다.

사실 이건 간단한 놀이 아닌가. 누구든 실행에 옮길 수 있다. 우리가 『노 임팩트 맨』의 콜린 베번처럼 뉴욕 한복판에서 전기 없이 살거나(물론 냉장고도 사용하지 않는다), 아니면 스티브 브릴처럼 뉴욕의 공원에서 식용 야생초를 채집하면서 살아가기란 현실적으로 불가능하다. 하지만 냉장고 파먹기 같은 작은 실천은 '쓰레기 줄이기 운동Zero Waste Challenge'처럼 도전해볼 법한 프로젝트다.

미국과 유럽에서는 '프리건freegan'이라고 쓰레기통에 몸

덤스터 다이빙 장면

을 던져 물건이나 음식을 줍는 덤스터 다이빙dumster diving으로 살아가는 무리도 생겼다. 프리건은 자유free와 채식주의자vegan의 합성어, 혹은 무료free로 얻는다gain는 뜻을 가진 합성어다. 눈살을 찌푸리며 더럽다고만 볼 수는 없다. 무분별한 과잉 생산과 소비를 반대하는 일종의 사회운동적 성격을 가진 행위이기 때문이다. 덤스터 다이빙을 하는 사람들은 스스로를 프리건이라 칭하고 쓰레기통을 오픈 뷔페라 말한다.

한편, 미국에는 빅토리아 후기 시대(1800년대 후반)의 삶을 재현하며 살아가는 놀라운 부부도 있다. 이들의 활동은 친환경 운동이기보다 역사 연구의 목적으로 볼 수 있다. 역사 연구와 함께 소설을 쓰는 아내 세라 크리스먼과 아키비스트이자 도서관 사서인 남편 게이브리얼 크리스먼의 이야기다. 워싱턴주에서 사는 크리스먼 부부는 1889년에 지어진 주택에 거주하며, 모든 일상생활을 빅토리아 시대처럼 하고 있다.

미국 워싱턴주에 사는 크리스먼 부부.
그들은 1889년에 지어진 주택에서 살며
냉장고 대신 아이스박스를 사용한다.

마치 과거로 타임머신을 타고 돌아간 듯하다. 물론 냉장고도 사용하지 않는다. 벽돌 얼음을 구매해와서 아이스박스(나무 냉장고)에 보관해두고 사용하는데, 이들의 삶은 경이롭기까지 하다.

"오늘 저녁은 또 뭐로 때울까?"

요즘 나도 모르게 부쩍 '때운다'라는 표현을 자주 사용했던 것 같다. 아무래도 지치고 피곤에 찌든 일상의 연속에서 음식까지 챙길 여유는 없었다. 지나치게 빠른 한국 사회의 속도에 적응하기 위해서 끼니도 빨리빨리 때우려고만 했다. 즉 식사마저 효율적이고 편리한 방식을 추구해 배달 음식을 시키거나 간편식에 저절로 손길이 갔다.

정성껏 차린 따뜻한 집밥이 건강에 좋다는 것은 잘 안다. 정작 먹고사는 일이 중요한데 아무 거나 먹었다니 후회스럽다. 그러나 요리도 배워야 하고 재료 손질법도 익혀야 한다. 맛있게 먹는 것도, 맛집을 찾아다니는 것도 모두 경쟁적으로 SNS에서 올리는 탓에 피로감이 배가된다. 식재료도 꼼꼼하게 골라야 하고, 음식도 잘 만들어야 하고, 플라스틱도 줄여야 하는 등 여기저기서 쏟아지는 정보는 끊임없이 나를 압박하고 지켜야 할 것은 많아졌다. 결국 지치고 무기력해진 나는 배달 앱을 다시 작동시킨다.

이러한 나의 소비 패턴에 변화가 일어난 것은 결혼하고 가족을 꾸리면서부터다. 한 끼를 사랑하는 사람과 함께 먹는 것이 바로 행복이라는 것을 경험하고부터 요리를 차츰 즐기기 시작했다. 요리에 관심이 생기자, 처음에는 요리 자체에만 몰두했던 것이 건강한 식재료를 고르는 법, 남은 재료를 보관하는 법으로까지 관심사가 넓어졌다. 신기한 경험이었다. 생각이 바뀌자 정보의 홍수 속에서 피로감이 느껴지지 않았다.

　　해외 토픽에 나오는 실천 운동이 모두 대단해 보이지만, 당장 우리가 할 수 있는 작은 실천도 위대하다고 생각한다. 가끔은 냉장고 파먹기를 해서 오래된 식료품은 될 수 있는 대로 비우고, 주변의 소중한 사람들과 함께 음식을 나누어 먹으면, 냉장고는 비워가지만 대신 행복감이 채워진다는 느낌을 받을 수 있을 것이다. 그리고 냉장고 파먹기를 하기 위해서는 냉장고를 잘 정리해야 하며, 올바른 식재료 보관법을 아는 것이 우선시되어야 한다. 아는 만큼 덜 버린다!

231

매일 장 보는
베트남 생활

천년의 고도古都 하노이를 다니다보면 아파트보다는 주로 3~5층 정도의 단독주택이 다닥다닥 붙어 있는 모습을 볼 수 있다. 옆집과 간격 없이 붙어 있는 이러한 주거 형태를 '튜브 하우스Tube house'라고 하는데, 건물 폭이 좁고 기다란 게 특징이다.[5]

대부분 1층에 상점이 자리하고 있는 주상복합식 건물이다. 프랑스 식민지 시기 유럽의 영향을 받았고, 건물 폭을 기준으로 세금을 부과했던 조세법과 식민지 정책에 따라 주택의 폭을 대부분 3.5미터에서 4미터 사이로 지정했다고 한다.

튜브 하우스 외에도 하노이의 인상적인 광경은 도심을 뒤덮은 오토바이 행렬이었다. 교통 체증과 대기오염으로 악명 높은 인도네시아 자카르타와 유사한 분위기였다. "하노이 사람들은 3보 이상이면 오토바이를 탄다"는 말이 있을 정도로 그들의 오토바이 사랑은 대단하다. 하노이 인구는 약

800만 명으로 추산되는데 등록된 오토바이만 500만 대가 넘는다. 성별 구분 없이 베트남 성인 4명 중 3명은 오토바이를 운전할 정도다.

출퇴근 시간의 혼잡한 도로를 보면 장관이 펼쳐진다. 형형색색의 오토바이가 대혼돈 속에서 질주하고, 저마다 내뿜는 경적에 정신이 혼미해진다. 경적은 여정을 마무리하는 날까지 좀처럼 적응할 수가 없었다(한국에 도착해서도 환청이 들렸다). 무질서 속에 존재하는 질서라고 할까, 대란 속에서 교통사고가 나지 않는 것이 오히려 놀라웠다. 운전자 허리를 잡지 않고 여유 있게 스마트폰을 보는 것은 이제 예삿일이 되었다. 운전하는 아빠 뒤에서 교복을 입은 학생이 책 읽으며 가는 것을 봤는데, 순간 나는 내 눈을 믿을 수가 없었다.

거리의 카페에 앉아서(흡사 우리 목욕탕 의자같이 작은 의자) 커피를 마시며 도로 위의 '오토바이 패션'에 집중하다보면 시간 가는 줄 모른다. 색색의 헬멧과 선글라스, 매연 방지와 햇빛 차단용으로 쓰는 넓은 마스크(얼굴을 모두 가려 무서워 보이기도 한다. 「스타워즈」의 다스 베이더 같은 느낌이다), 모자 달린 긴 잠바를 입은 남성, 오토바이 전용 옷을 입은 여성(햇빛 차단을 위해 손목까지 가려주고, 긴 치마 등으로 전신을 덮는다) 등 이색적인 풍경이 펼쳐진다. 모든 아이템에 저마다의 개성이 담겨 있다. 꽃무늬 모양도 많고 대체로 화려하다. 이 많은 사람이 오토바이를 타고 어디로 향하는 걸까. 하노이언Hanoian의 일상을 쫓아다니기 시작했다.

베트남 사람들이 평소 퇴근길에 오토바이를 타고 매일

233

하노이 도심과 오토바이 행렬

들르는 곳이 있다. 바로 재래시장이다. 베트남은 무더운 날씨 탓에 음식 보관이 쉽지 않아 식재료를 바로바로 소비하는 것이 주된 생활 양식이다. 되도록 매일 장에 가 소량의 식재료를 구매하고, 신선한 음식을 그날 바로 먹는다. 이러한 생활이 습관이 되어 냉장고를 사용해도 고기는 냉장 보관하지 않고 바로 소진한다. 시장에서도 주로 상온에서 고기를 판매한다.

물론 현대적인 대형 마트가 생기면서 우리처럼 일주일치 식량을 대량 구매하는 소비 패턴이 증가하고 있지만, 여전히 편하게 오토바이를 타고 들러서 필요한 만큼의 식품만 소량으로 구매하는 소비자층이 대부분이다.

그래서인지 우리처럼 800~900리터 대용량 냉장고를 구입하려는 사람은 많지 않다. 이들은 500리터 냉장고면 충분하다고 한다. 대한무역투자진흥공사 KOTRA 자료에 따르면, 2015년 베트남의 냉장고 보급률은 36퍼센트다(2017년 50퍼센트로 증가했다). 또한 120~600리터의 저용량과 400~700달러 가격대의 저가 냉장고를 선호한다. 더운 나라라 냉장고가 더 많이 필요할 것 같지만 실상은 그 반대였다. 하노이언에게는 냉장고 대신 오토바이와 시장이 있기 때문이다. 냉장고를 쓰느냐, 오토바이를 타느냐 그것이 문제로다(둘 다 환경에는 악영향을 미치겠지만).

냉장고를 쓰지 않는 농촌 지방의 생활은 어떨지 궁금해졌다. 하노이 외곽에 위치한 메린 구역의 반케 마을을 찾아갔다(우리의 경기도권에 해당된다). 이곳은 하노이의 서북부 지역이고, 주변에는 홍강이 흐르고 있다. 메린 지역에는 쯩 자

235

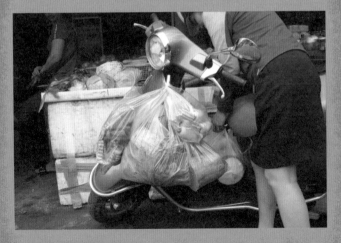

매를 모시는 하이바쯩Hai Bà Trưng 사원이 있고, 화훼마을과 장미농장이 유명하다.[6] 이곳에서 나는 비엣족의 전형적인 전통 가옥을 방문할 수 있었다. 비엣족은 베트남 인구의 약 85퍼센트를 차지하는 대표 민족으로 킨족이라고도 불린다. 갈색 빛의 황토 기와가 눈길을 끌었다. 마당의 바닥도 붉은색 타일이라 마당과 지붕의 조합이 조화로웠다. 마당에 들어서자 바로 옆에 붙어 있는 텃밭이 눈에 띄었다. 식재료는 주로 집 근처 시장에서 사는 편이지만, 마당에 텃밭이 있어서 필요한 채소는 바로 뽑아 요리에 사용한다. 집에 냉장고가 있지만 오래되고 고장 나서 사용하지 않고 구석에 두었다. 냉장고가 없어도 불편함이 없는 생활이다. 개인 텃밭은 물론이고 공동 텃밭조차 경험해보지 못한 나로서는 부러울 뿐이었다. 집 안에 작은 농장이 있으니 진정한 유기농 농장이 아닌가.

아파트 옥상에 텃밭을 만들고, 저녁이 되면 가족과 함께 엘리베이터를 타고 옥상까지 올라가서 저녁거리로 쓸 만한 싱싱한 채소를 딴 다음, 집에 내려와 요리해 먹는 날을 잠시 상상해보았다. 꼭 옥상 텃밭이 아니어도 된다. 아파트 단지에 실내 도시 농장을 만들 수도 있다. 흙 없어도 식물을 기를 수 있는 수경 재배, 햇빛을 모방한 LED 조명, 공간을 활용한 수직 농장vertical farming 등 최신 기술을 활용해 새로운 방식으로 작물을 기를 수 있다. 이러한 작은 농장들이 곧 우리 도심 곁에도 생겨날 수 있을까.

마당에 들어서자 작은 제단이 눈에 띄었다. 토지신을 숭배하는 제단인데, 땅의 주인께서 이 터를 관리한다는 믿음이 담겨 있다. 토지신은 집안의 수호신으로 악신惡神이 들어오지 못하도록 지켜준다. 또한 집 안에도 가장 성스러운 공간에 조상을 모시는 제단을 배치한다. 베트남 어느 가정이나 가게를 가더라도 조상을 모시는 제단을 쉽게 볼 수 있다. 제단에는 향로와 초, 음식과 과일, 꽃을 올린다.

우리네 조왕신과 같이 베트남에서는 부엌신 옹꽁옹따오 Ông Công ông Táo를 모신다. 음력 12월 23일이 되면 부엌신께 제사를 올린다. 제사일이 다가오면 시장에 가서 제단을 꾸밀 지전紙錢과 종이 신발, 종이 모자 등 각종 재료를 준비한다. 그리고 가장 중요한 잉어 세 마리도 구해야 한다. 부엌신이 잉어를 타고 하늘로 올라간다고 믿기 때문이다.[7] 부엌신은 옥황상제를 찾아가 1년간 집 안에서 일어난 일들을 보고한다. 그래서 잉어를 제사상에 올리고, 제사가 마무리되면 인근 호숫가에 방생해준다. 옹꽁옹따오를 시작으로 베트남의 설 뗏Tết이 본격적으로 시작된다.

집 주인 응옌 반홍 씨가 부엌신을 모시는 제사에 대해서 설명해줬다.

"저희는 옹꽁옹따오께서 하늘로 잘 올라가시도록 제사를 지낸답니다. 부엌신을 숭배하기 위해서 잉어를 샀고요. 지난 1년간 우리 가족이 어떻게 지냈는지 보고하기 위해 하늘로 올라가시는 날이죠. 먼저, 옹꽁옹따오께 기도를 올립니다. 그리고 조상에게 기도를 드리고요. '이렇게 밥과 국을 올리오니, 우리 가족과 손자들이 평안하고 건강하게 해주세요' 하고 신께 기도드리죠."

냉장고가 필요 없는 베트남의 전원생활

제물로 잉어 세 마리를 올린다. 신이 세 분이어서 잉어 세 마리를 바친다는 의미다. 두 명의 남편과 결혼한 여성 신이기 때문이다. 잉어뿐 아니라 신발과 모자도 각각 세 쌍씩 준비한다. 베트남에는 옹꽁옹따오와 관련된 설화가 다음과 같이 전해 내려오고 있다.[8]

마당 앞 제단

옛날 옛적에 가난한 부부가 살았다. 나무꾼 남편은 나무일을 다니면서 연명하다가 점점 가난해지자 좌절하며 술에 빠지기 시작했다. 아내가 이를 못마땅히 여겨 불평하자 도리어 그는 부인에게 폭력을 행사했다. 위험을 느낀 부인은 집에서 도망쳐 나와 숲을 헤매다가 사냥꾼을 만나게 됐고, 그와 새롭게 사랑에 빠져 행복하게 산다. 뒤늦게 목수는 자신의 잘못을 뉘우치

옹꽁옹따오 제사

고 아내에게 용서를 구하기 위해서 아내를 찾아 돌아다닌다.

그러던 중 음력 12월 23일이 되던 날, 아내가 마당에서 불을 피우고 있었는데 한 거지가 나타나 음식을 청했다. 아내는 거지가 된 그자가 전남편인 것을 알아채고는 연민에 빠져서 약간의 음식과 종잣돈을 주었다. 혹여나 사냥꾼 남편이 알아차리게 될까봐 숨겨준다. 그러나 사냥꾼이 돌아와 그 사실을 알고는 질투에 빠져 아내를 괴롭힌다.

또다시 큰 실망과 슬픔을 느낀 부인은 아궁이에 스스로 몸을 던져 자살하고 만다. 이에 나무꾼과 사냥꾼도 아내의 뒤를 따라 자살한다. 이후 이들을 가엾게 여긴 신은 이들에게 각각 가정, 사업, 부엌을 책임지는 신으로 태어나게 해주었다.

베트남 사람들에게 음식은 한낱 상품이 아니다. 신과 조상에게 바치는 제물이다. 생명이 깃든 소중한 제물을 조상신과 토지신을 비롯한 여러 신께 먼저 바친다. 베트남에는 일반 가정집이나 식당에 가면 작은 사당이 마련돼 신줏단지 모시는 모습을 흔히 볼 수 있다. 작은 사당에는 단맛이 나는 과자, 과일, 차 등이 차려져 있다.

조상을 숭배하고 정령을 모시는 민속 신앙은 우리에게 크게 낯설지 않다. 다만 바쁜 일상 속에서도 그들은 신께 감사하는 마음을 잃지 않은 반면, 우리는 잃어버리지 않았는가.

음식물 쓰레기로 만든 그릇: 쓰레기와 가치 있는 물건 사이의 관계

냉각 기술 덕택에 도시가 돌아가고 전 세계로 식재료가 유통된다. 동네 마트에 슬리퍼를 끌고 가거나 온라인으로 클릭 한 번이면 온갖 종류의 식재료를 손쉽게 구할 수 있다. 19세기 이전이라면 감히 한 나라의 왕이라도 누릴 수 없는 사치였다.

하지만 우리가 혜택을 받는 만큼 보이지 않는 곳에서는 누군가의 피와 땀, 눈물이 생기기 마련이다. 이를테면 농부는 자식과도 같은 수확물 중 일부는 유통시키지도 못하고 버릴 수밖에 없다. 대형 마트에서 요구하는 상품성의 기준에 부합하지 않으면 팔리지 않기 때문이다. 모양이 작거나 너무 큰 감자, 흠집나거나 일그러진 고구마, 휜 오이, 혹이 난 딸기, 꼭지가 시든 토마토 등 모두 소비자에게 가기도 전에 버려진다. 농산물을 평가하는 기준과 실제 식품의 영양가는 아무 관련이 없는데도 말이다.[9]

먹어도 되는 음식물을 도매상이나 대형 마트에서는 폐기

한다. 고기나 일부 제품을 제외하고는 유통기한이 지나도 대부분 먹을 수 있지만, 소비자들이 찾지 않으니 버릴 수밖에 없다. 소비자 입장에서는 내가 사고 싶은 상품이 항상 같은 자리에 있어야 한다. 내가 원할 때면 언제나 살 수 있어야 마트라고 생각한다. 마트도 소비자들을 붙잡기 위해서는 신선하고 맛있어 보이는 상품만을 진열대에 올릴 수밖에 없다. 그러지 않으면 경쟁에서 뒤처진다. 다른 마트나 온라인 쇼핑몰에 소비자를 뺏길 것이다.

재료가 소진되면 문을 닫는 음식점은 맛집이라고 평가하며 후한 점수를 주지만, 마트에 그런 자비는 허용되지 않는다. 제철 식재료에 따라 불편함을 감수하고 살던 시절을 그리워하는 사람은 이제 존재하지 않는다.

구매가 이뤄진 후에도 음식물은 버려진다. 바쁜 일상에서 장보는 데는 일주일에 한 번 정도만 시간을 할애한다. 그래서 마트에 가면 냉장고를 가득 채울 정도의 식재료를 구매해야 안심된다. 당장 먹지 않을 식품까지 무조건 쟁여놓으니 잊어버린 재료는 먹지도 못한 채 상해서 버리게 된다. 유통기한이 지난 식품도 수두룩하고, 있는 재료를 또 사오는 일도 허다하다.

결국 음식물 쓰레기는 먹고 남긴 음식물보다 유통과정에서 더 많이 발생한다. 지금까지 열거한 일련의 과정은 국내에서만 벌어지는 일이 아니며, 전 세계에서 공통으로 벌어지는 사안이다. 이 때문에 한쪽에서는 음식물의 절반이 버려지는데 누군가는 굶어 죽는 현상이 나타나는 것이다.

일본의 디자이너 아라키 고스케는 이러한 식품의 과잉 생산과 유통 구조의 모순에 대해서 고민하는 작가다. 그는 급격히 진행된 근대화 과정에서 그동안 무시되었던 가치라든지 감성을 탐색하는 작업을 주로 해왔는데, 자연에 감사하고 사물의 음성에 귀를 기울이며 인간다움을 회복한다는 게 그 취지다.

음식물 쓰레기와 관련된 그의 첫 작품은 〈음식물 쓰레기 제품Food Waste Ware〉이다. 2013년에 발표한 그의 석사학위 졸업 작품인데, 작가는 영국왕립미술대학원 제품디자인과에서 공부했다. 재학 시절 자신의 부엌과 런던의 다양한 식료품 가게에서 나오는 음식물 쓰레기 현황을 기록했고, 음식물 쓰레기를 이용해 식기류를 제작하는 작업을 수행했다. 식기류는 채소 쓰레기를 태운 숯과 정육점 쓰레기에서 추출한 동물성 접착제를 사용하여 제작했다. 버려지는 뼈와 껍질로 만든 접착제였다.

그는 식료품 가게에 일부 유기성 폐기물을 따로 보관해달라고 요청했고, 장을 마감한 후에는 어떤 일이 생기는지 보기 위해 가게를 방문했다. 상한 채소가 대부분이었지만 충분히 먹을 수 있을 정도로 여전히 신선한 채소도 있었다. 더욱이 그가 목도한 것은 극히 일부였고 매일 버려지는 식품의 양은 엄청났다. 이에 그는 사람들 대부분이 날마다 버리는 음식의 양을 인지하지 못하고 있다고 생각하여, 자신의 부엌에서 배출되는 음식물 쓰레기에 대해 한 달간 기록했다. 그는 혼자 살고 있었고, 단지 저녁 식사만을 해 먹었는데도 매주 약 1킬

247

© Kosuke Arak

<음식물 쓰레기 제품>,
작가의 부엌에서 나온 음식물 쓰레기에 대한 한 달간의 기록

로그램의 음식물 쓰레기가 배출되었다고 한다.

그의 두 번째 작품 〈아니마Anima〉는 〈음식물 쓰레기 제품〉의 후속작으로 음식물 쓰레기와 옻칠 기법으로 수공예품을 제작한 식기류 시리즈다.[10] 옻칠을 했다는 것이 차이점인데, 식기류는 옻칠의 산화로 인해 매우 짙은 갈색(거의 검정에 가까운)을 띤다. 옻칠로써 식기의 강도와 방수 기능, 항균 효과를 높이면서 광택을 주어 사용 가능하고 간직할 만한 대상으로 재탄생했다.

음식은 사물이 아니라 생명이다. 우리는 우리 존재를 위하여 그 생명을 먹지만, 아마도 음식물을 거래하거나, 구매 또는 섭취하는 과정에서 이를 생명으로 간주하는 사람은 많지 않을 것이다. 작가는 이렇게 음식을 생명으로 여기지 못하는 인식이 어마어마한 양의 음식물 쓰레기를 배출하는 요인 중 하나라고 확신했다.

작가는 2년 동안 집 안에서 생산된 과일 껍질과 뼈 등 먹을 수 없는 식품 폐기물을 수집하고 기록했다. 총 315킬로그램의 음식물 쓰레기를 수집한 다음 숯이 될 때까지 태우고 몰드로 틀을 갖춘 뒤 동물성 접착제로 붙였다. 마무리 작업으로 옻칠로 제품을 코팅해 깊이 있는 광택을 냈다. 옻칠은 일본 홋카이도의 전통 공예에서 영감을 받았다고 한다.

'더럽게'만 여겨졌던 음식물 쓰레기가 아름답고 고귀한 작품으로 전시되었다. 그의 작품은 우리가 늘 당연하게 버렸던 음식물 쓰레기에 대해서 반성적인 사유를 이끌어낸다. 음식물 쓰레기로 만들어진 그릇에 담긴 한 끼의 식사가 마련된

249

<아니마>, 음식물 쓰레기로 얻은 숯과
옻칠 기법으로 제작한 컵과 컵받침

다면, 우리는 '생명'을 먹는 행위에 대해서 다시 생각해볼 수 있을지도 모른다.

냉장고를 보면서 과거의 그 설레는 마음을 떠올립니다.
_칼럼 댓글 중에서

만사지식일설화萬事知食一雪花, 세상 모든 일이 냉장고 하나에 모두 담겨 있다.[1]

지금까지 아무도 관심을 두지 않았을 냉장고를 가지고 꽤 많은 이야기를 늘어놓았다. 이야기는 냉장고가 발명되기까지 부분적인 역사를 살펴보기도 했고, 냉장고가 우리에게 주는 혜택과 그 반대로 냉장고에 의존할수록 낭비가 심해지는 소비사회에 대한 비판, 저온유통 체계가 독점해버린 식품유통 체계의 구조, 우리가 누리는 풍요의 한계 등 사회 문제를 다루기도 했다. 과연 미래의 음식 문화에는 희망이 있을까. 이에 관해서는 본문에서 상당히 냉소적으로 표현하기도

했고 암울한 미래상을 제시하기도 했다.

냉장고에 관한 대미의 장식은 공유 냉장고에 대한 것으로 끝맺으려 한다. 결국 어쭙잖은 희망고문식으로 글을 마무리하는군, 하며 실망하는 사람도 있겠지만 공유 냉장고 이야기로 마무리를 짓는 것은 미래사회에 대한 희망 내지 예찬과는 관계없다.

현재 공유 냉장고 혹은 공동체 냉장고community fridge는 토론토, 밴쿠버, 캘거리 등 캐나다에서 시작해 전 세계 곳곳으로 퍼지고 있는 시민 참여형 프로젝트다.[2] 코로나 팬데믹 상황이 예상보다 길어지면서 실직하거나 식품 구매에 어려움을 겪는 이웃이 늘어나자, 생활이 궁핍해진 이웃과 음식을 공유하기 위해서 생긴 실천 운동이다.

"필요한 것을 가져가세요Take what you need. 할 수 있다면 놓고 가세요Leave what you can." 프로젝트는 이러한 모토를 삼아 운영되고 있다.

공동체 냉장고는 주로 행인이 많이 지나다니는 개방된 공간에 설치한다. 전기를 쓸 수 있어야 하기에 동네 빵집이나 카페, 음식점 주변이 적합한 장소다. 개인이나 공용 주택 마당에 설치한 사례도 있으나, 교회와 학교 광장같이 많은 사람이 모이는 곳일수록 좋다.

냉장고는 평범한 것을 쓰기도 하고, 투명 유리문이 달려 속을 볼 수 있는 업소용 냉장고, 아티스트에게 의뢰해서 예술작품처럼 예쁘게 꾸며놓은 것까지 다양하게 사용한다. 매력적으로 꾸밀수록 행인들이 관심을 갖고 냉장고 주변으로

253

다가오기 때문이다. 또한 비와 눈을 막아주고 냉장고를 보호해주는 창고를 설치해야 한다. 창고에는 팬트리 공간도 만들어서 통조림과 같은 보존식품도 함께 놓는다. 음식 외에도 마스크, 휴지, 기저귀, 샴푸와 같은 위생용품들이 다양하게 공유된다. 이러한 공동체 냉장고 프로젝트에는 일반인뿐 아니라 인근 음식점도 참여하면서 냉장고 속을 함께 채워간다.

프로젝트는 냉장고의 다양한 색깔만큼이나 아름다운 사람들의 마음이 모여야 실천될 수 있다. 냉장고에 넣을 식재료를 확보해야 하고, 주변 음식점과도 좋은 관계를 유지해야 한다. 전기세와 유지 보수를 위한 기금도 마련해야 한다. 누군가는 하루에 한 번씩 냉장고를 점검해야 하고, 상한 음식이 생기면 청소도 해야 한다. 프로젝트는 어느 한 명이 책임지고 운영하는 것이 아니라 마을 사람들의 적극적인 참여와 지원이 뒷받침되어야 한다.

냉장고는 식재료를 차갑게 보관하는 가전제품이지만, 공유 냉장고를 사용하는 이들의 마음만큼은 따뜻한 정을 느끼게 해준다. 현대인의 냉정한 심성을 도리어 냉장고가 녹여주는 게 아닐까 싶다.

지금까지 냉장고 얽힌 이야기를 하면서, 사실 냉장고 그 자체보다는 냉장고와 함께하는 우리 삶에 관해 이야기하고 싶었다. 냉장고를 열면 우리가 마주한 현실이 보이고 냉장고는 우리를 서로 이어준다. 인류는 '차가움'을 유지하기 위해 치열하게 노력했고, 서로 의지하며 지금까지 살아왔다. 앞으로도 그럴 것이라고 믿는다.

글에서는 희망보다는 미래사회에 대한 걱정과 염려를 더 많이 드러냈다. 우리는 냉장고가 가져다준 혜택에 기대어 살지만, 상품을 구매할 수 있는 능력이 떨어질 때 사람들이 겪어야 하는 풍요 속의 절망에 대한 고민이 더욱 절실히 필요하다.

앞으로 이러한 상황은 나아질 수 있을까. 나는 우울이나 무력감과는 반대되는 대척점에서 해결책을 찾으려고 한다. 그리고 우울의 반대는 희망이 아닌 행동에 있다고 믿는다. 미래는 희망적일 거라고 단순하게 말하기보다 행동하는 사람들의 삶 속에서 희망의 씨앗이 보일 것이다.

255

프롤로그

1 류지현, 『사람의 부엌』, 낮은산, 2017, 60쪽.

1장

1 15세기 『훈민정음訓民正音』(1446), 『두시언해杜詩諺解』(1481), 『구급간이방救急簡易方』(1489)에 처음 등장하는 '브섭, 브섭, 브석'은 이후 16~17세기에는 '브석, 브석, 브섭, 브업, 브억', 18~19세기에는 '브억, 부억'으로 나타나다가 20세기 이후 '부억, 부엌'으로 고정되었다. '얼'은 옆면을 의미하는 '섭'이라거나 장소를 의미하는 '억', 땔감을 의미하는 '섭'이라는 해석이 있다. 이주홍 외, 『한국의 부엌』, 국립민속박물관, 2019, 10-12쪽 참조. 국립민속박물관은 2018~2019년 현지조사를 수행하고 한국과 중국, 일본의 부엌에 관한 조사보고서를 발행했다.

2 KBS 〈과학카페〉 냉장고 제작팀, 『미니멀 키친』, 애플북스, 2016, 17쪽.

3 인류가 불을 제어하고 불로 요리火食하기 시작한 것이 대략 20만 년 전이라는 게 학계의 정설이다. 리처드 랭엄, 『요리 본능: 불, 요리, 그리고 진화』, 사이언스북스, 2017, 115쪽. 한편, '차가움'을 지배하려는 인류의 지난한 여정은 책의 부록에서 다룬다. 연표 참조 바람.

4 이러한 주제에 관심 있는 이들에게는 다음의 책을 추천한다. 김재민, 『닭고기가 식탁에 오르기까지』, 시대의창, 2014.

5 EBS, 〈너무 긴 1분〉, 《지식채널e》, 1849화, 2019년 8월 5일자 방송.

6   앨런 맥팔레인, 『손녀딸 릴리에게 주는 편지』, 랜덤하우스, 2009, 24-25쪽에서 재인용. 주변 사람들이 인류학에 관해서 궁금증을 가질 때마다 내가 추천하는 책이다.

7   푸드마일food miles의 이슈도 있다. 식료품이 생산지로부터 생산-운송-유통 단계를 거쳐 소비자의 식탁에 이르는 거리를 뜻한다. 각종 농산물이 세계 곳곳으로 수송될 때마다 화석 연료가 사용되는데, 이산화탄소의 배출은 지구온난화를 일으킨다. 우리 냉장고 속에는 전 세계를 넘나들며 푸드마일이 적립된 식품들이 즐비하다.

8   곽소연·심효윤 외, 『냉장고 환상』, 국립아시아문화전당, 2021, 120쪽.

9   이와 같은 사회상을 예리하게 통찰한 글과 다큐멘터리, 영화가 있다. 조지 리처(2017)의 『맥도날드 그리고 맥도날드화』, 로버트 컨너(2008) 감독의 『푸드 주식회사』, 봉준호(2017) 감독의 「옥자」 등이 그것이다.

10 가로 50센티미터, 세로 50센티미터, 높이 30센티미터의 철창에 4~6마리의 닭을 사육하는 방식이다. 사실상 마리당 A4 용지보다 작은 면적에서 생활한다.

11 냉장 체인과 식품 유통의 주제에 관심이 있다면 톰 잭슨의 『냉장고의 탄생』(2016), 헬렌 피빗의 『필요의 탄생』(2021), 에번 D. G. 프레이저 외의 『음식의 제국』(2012)을 보라.

12 버즈아이의 재미있는 일대기는 스티브 존슨, 『우리는 어떻게 여기까지 왔을까』(2015)에 담겨 있다.

13 누구에게나 가슴 먹먹한 음식이 있다. 삶이 허기진 이에게는 다음의 책을 추천한다. 되르테 쉬퍼, 『내 생의 마지막 저녁 식사』, 유영미 옮김, 웅진지식하우스, 2010.

14 소고기의 근육, 지방, 혈관 등 모든 유형의 줄기세포를 배양하고, 각 배양된 조직을 입체적인 구조로 배열해 고기로 찍어내는 기술이다. 심지어 마블링과 육즙을 재현할 수 있다.

15 물고기 양식aquaculture과 수경재배hydroponics의 합성어다. 물고기로부터 나오는 유기물(배설물)을 미생물이 분해해서 그 분해된 미생물(비료)로 식물을 키운다. 식물은 물을 정화해서 물고기가 살 수 있는 깨끗한 환경을 조성한다.

16 김용욱, 『빠삐용이 몰랐던 식용곤충식』, 범우, 2016, 243쪽.

2장

1   고대 로마인들은 산악지대에서 얼음을 채취하고 밀짚을 덮어 구덩이에 보관했다. 얼음을 이용해 와인을 차게 마시거나, 냉수 욕실을 만들었다. 냉장고를 가리키는 축약어 'fridge'의 어원이 냉수 욕실을 지칭하는 라틴

어 프리기다리움frigidarium이라는 설도 있다. 헬렌 피빗, 『필요의 탄생』, 서종기 옮김, 푸른숲, 2021, 22, 301쪽.

2   1970년대부터 아파트에서는 부엌 대신 주방이라는 명칭을 사용하기 시작했다. 거실과 분리되어 있으면 부엌, 거실과 구분 없이 개방되어 있으면 주방이라고 했으며, 주방은 현대적인 이미지를 주는 용어로 인식되었다. 이주홍 외, 『한국의 부엌』, 국립민속박물관, 2019, 35, 70쪽.

3   삼성전자(1977), "서리없는 냉장고 삼성 하이콜드", 잡지 광고.

4   양유진, 「한국 경제성장기 냉장고 광고에 나타난 디자인문화에 관한 연구」, 건국대학교 석사학위논문, 2014, 19쪽.

5   정비석, 《산호珊瑚의 문門》14, 『경향신문』1962년 7월 15일자.

6   현재의 부엌은 유럽의 모더니즘을 바탕으로 하는 기능주의적 근대 부엌인 '프랑크푸르트 부엌'에 뿌리를 두고 있는데, 이는 시스템 키친의 원형이라 할 수 있다. 이주홍 외, 『한국의 부엌』, 국립민속박물관, 2019, 12쪽.

7   이은희, 「1960년대 박정희 정부의 식품위생 제도화」, 『의사학』 제25권 제2호, 2016, 206-207쪽.

8   다니자키 아쯔코, 「현대 한국중산층 주부역할 형성과정에 관한 분석-6, 70년대 여성잡지를 중심으로-」, 서강대학교 석사학위논문, 2002, 2쪽.

9   김덕호, 『세탁기의 배신』, 뿌리와이파리, 2020, 67쪽.

10   다니자키 아쯔코, 위의 논문, 6쪽.

11   이경원, 〈혁명은 부엌으로부터〉, 『동광』, 제29호, 1931년 12월 27일자. 이경원은 가산 이효석의 부인이다.

12   인공으로 얼음을 만드는 제빙공장이 지어지고 얼음이 여름에 공급되면서 빙수가 대중화되었다. 그러나 사실 제빙공장은 한국 해안에서 잡힌 해산물을 싱싱한 상태로 일본에 수출하기 위해 설치된 것이다. 당시 전국 항구에 20개 이상 설치되었는데 모두 일본인 소유였다.

13   이은희, 「박정희 시대 빙과열전」, 『역사비평』 121호, 2017, 318쪽.

14   겨울에 한강에서 캐낸 얼음을 보관하는 방식으로 천연 얼음을 쌓아두는 창고 경성천연빙회사와 조선천연빙회사가 1913년에 설립되었다. 하지만 천연 얼음에는 전염병 위험이 있어서 인공 얼음을 생산하는 제빙공장의 필요성이 대두되었다. 1931년 부산에 최초의 제빙공장인 '대한제빙'이 세워졌고, 연이어 제물포와 원산·군산 등지에도 세워졌다.

15   손용화, 〈빙수를 좋아하던 소파〉, 『경향신문』, 1962년 5월 3일자 4면.

16   방정환波影生, 〈빙수〉, 『별건곤』, 제22호, 1929년 8월 1일자 92쪽.

17   이은희, 「박정희 시대 빙과열전」, 『역사비평』 121호, 2017, 318쪽.

18   이주현, 「빙과류 변천사」, 『민속소식』 266호, 2021년, 8월호, 19쪽.

260

19 아이스크림과 관련된 빙과업, 콜라와 사이다의 음료업, 맥주와 같은 주류업의 역사에 관심 있다면 주영하, 『백년식사』, 휴머니스트, 2021; 이은희, 「박정희 시대 콜라전쟁」, 『역사문제연구』 34호, 2015; 이은희, 「박정희 시대 빙과열전」, 『역사비평』 121호, 2017를 보라.

20 이영자·배도식, 『옹기』, 열화당, 2006, 136-157쪽.

21 이영자·배도식, 위의 책, 136-174쪽.

22 류지현, 위의 책, 303쪽.

23 몽골에서도 김치냉장고와 비슷하게 뚜껑씩 저장고가 있는데 주로 고기를 보관하는 냉동고로 쓰인다.

24 한국과학기술정보연구원, 「KISTI의 과학향기」 제36호, 2003년 10월호.

25 특허 출원된 김치냉장고의 기술 유형으로는, 사용자의 편의성을 고려하고 저장 용량의 대형화를 위한 '김치냉장고 구조에 관한 기술'이 66퍼센트를 차지하고 있다. 그 밖에도 김치의 장기 보관과 최적 온도를 유지하기 위한 '온도제어에 관한 기술', 땅속 환경과 동일한 조건을 구현하려는 '김치의 숙성과 관련된 기술', 마지막으로 '김치 이외의 식품저장기술' 순으로 나타난다.

26 기존의 냉장고는 식품의 신선도를 연장하는 것이 주된 기능인 반면, 김치냉장고는 김치의 발효, 숙성 및 저장을 조절하는 다양한 기능을 지닌다. 김치를 담근 후 섭씨 15도 정도에서 조기 숙성시키고 즉시 온도를 저온(영하 1도)으로 전환해서 장기적으로 김치를 저장한다. 자동숙성 모드(발효보관 모드)를 이용해서 온도를 자동 변환하는 온도설정이 프로그램화되어 있다.

27 자동차 부품 회사로 알려진 만도기계는 36년간 축적한 에어컨 냉방 기술을 바탕으로, 5년간의 연구를 통해서 김치냉장고를 개발했다. 조선 중종 연간(1518년)에 불린 김치의 고어를 본떠 '딤채'라는 이름으로 상품화하여 시장에 선보였다.

3장

1   조왕신을 잘 섬겨야 가족들이 건강하게 살 수 있다는 속신이 있다. 조왕신이 노하면 집안이 망한다고 여겼기에, 예로부터 부엌에서는 욕하는 것을 금기했고, 아궁이에서 냄새나는 물건은 태우지 않았으며, 큰솥 근처에는 칼이나 도끼 같은 흉기를 올리지 않았다. 이영자·배도식, 위의 책, 102쪽.

2   이영자·배도식, 위의 책, 19쪽.

3   강하라 외, 『따뜻한 식사』, 꺼안음, 2020 참조. 따뜻한 식사의 정수를 보여주는 책이다.

4   나주 남파고택의 강정숙 종부.

5   편의점 점주가 직접 쓴 에세이가 있다. 봉달호, 『매일 갑니다, 편의점』,
     시공사, 2018, 124~131쪽.

6   오유진, 「1인 가구 증가 양상 및 혼자 식사의 영양, 식행태 분석」, 대한
     지역사회영양학회 2016 하계 심포지움, 2016.

7   아직 구직하지 못하고 고난의 시기를 겪고 있는 청년들의 '식사권' 문
     제를 적나라하게 보여준 글이 있다. 변진경, 『청년 흙밥 보고서』, 들녘,
     2018 참조.

8   서울시 청년명예부시장팀 '청년암행어사', 「먹을거리 실태조사」, 2011 참
     조. 변진경(2018:41)에서 재인용. 우리나라 청소년 4명 중 1명이 주 3회
     이상 편의점에서 끼니를 때운다는 조사 결과가 나왔다. 원인은 먹기 간
     편하고, 식사 시간이 부족하다는 것이다. 질병관리본부 질방예방센터,
     「우리나라 청소년의 편의식품 섭취 현황: 2017 청소년건강행태조사 결
     과를 중심으로」, 『주간 건강과 질병』, 11권 41호, 2018.

9   C. Fischler, "Food, Self and Identity," *Social Science Information*, 27(2),
     1988.

10   『미식예찬』을 쓴 브리야 사바랭이 남긴 "당신이 무엇을 먹는지 말해달
     라. 그러면 당신이 어떤 사람인지 말해주겠다"라는 말은 음식이 갖는 사
     회문화적 의미를 내포한다. 한 사람의 식생활은 그가 몸담고 있는 문화
     의 여러 측면을 반영한다는 뜻이다. 근래에 이 표현은 비건들 사이에서
     즐겨 쓰인다. 오염된 식재료가 식탁에 오르는 상황을 경계하고, 사람을
     구성하는 정신과 신체의 건강은 먹거리에서 시작된다고 주장한다.

11   '무연고 사망'은 연고자가 없거나, 연고를 알 수 없거나, 연고자는 있되
     시신 인수를 거부하거나 기피하는 경우를 말한다. 주로 경제적인 이유
     나 가족관계의 단절에서 비롯된다. 한편 무연고 사망의 상위 개념이라
     볼 수 있는 '고독사'라 하면 가족, 친척 등 주변 사람들이나 공동체로부
     터 유리되어 홀로 임종하는 경우를 말한다.

12   아시아문화원이 기획하고 (주)함께나눔이 수행한 『1인 가구·무연고자
     부엌조사 및 스토리텔링』 사업이다(2019). 나는 작가나 학자에게 조사
     를 의뢰하기보다 현장에서 직접 활동하는 단체를 찾았다. 학문적 이론
     이라든지 예술적 표현보다 현장에서 직접 사용하는 그들만의 용어로 이
     야기를 담담하게 서술하거나, 현장에서의 산 경험이 더 유용하다고 판
     단했기 때문이다.

13   김철중, 『내망현』, 엠아이디, 2013, 41~44쪽.

14   광주광역시 주민등록인구, https://www.gwangju.go.kr/boardList.do?
     boardId=BD_0801080100&pageId=www192, (검색 일자: 2021년 8월
     6일)

15 이민희 외, 『베트남 한 접시』, 산디, 2018, 124쪽.

16 알마티는 카자흐스탄의 옛 수도다. 중앙아시아에서 가장 많은 수의 고려인이 살고 있으며, 고려극장과 고려일보, 고려인협회 등이 활발한 활동을 하고 있다.

17 김상욱, 「고려인의 냉장고」, 『냉장고 프로젝트』, 국립아시아문화전당, 2019, 127-128쪽. 카자흐인들은 본래 개고기를 먹지 않던 민족인데, 고려인의 영향으로 개고기를 먹는 현지인이 늘어났다고 한다.

18 하남산업단지는 광주권 종합개발계획에 의해 1981년부터 조성되었으며, 서남권 내륙 지방 최대의 지방 산업단지로 총면적 594만4000제곱미터의 부지에 전자, 자동차 부품, 기계, 화학업종 등 1000여 곳의 기업체가 입주해 있다. 평동산업단지, 소촌산업단지, 첨단과학단지 등과 인접해 있다.

19 홍인화 외, 『광주고려인마을 사람들』, 광주광역시립민속박물관, 2019, 8쪽.

20 고려인 주민들의 안정적인 적응을 위해 다양한 활동을 지원해주는 시설도 있다. 그 중심에 있는 고려인종합지원센터는 한국어 통역 및 교육, 숙식과 취업 알선 등과 같은 생존 문제를 해결해주는 역할을 하며, 이 밖에도 고려인마을협동조합, (사)고려인마을, 고려인교회, 어린이집, 지역아동센터, 바람개비 꿈터 공립지역아동센터, 청소년문화센터, 광주새날학교 등이 있다. 최근에 고려인의 삶과 역사를 한눈에 볼 수 있는 월곡고려인문화관 '결'도 개관했다(2021년 5월 개관).

21 카자흐스탄과 키르기스스탄 고려인은 주로 홍차를, 우즈베키스탄, 타지키스탄, 투르크메니스탄 고려인들은 녹차를 더 선호한다.

22 한편 타지키스탄에서는 오시 팔라프оши палав라고도 부른다. 쌀과 고기, 향신료 및 채소와 같은 재료로 만든 볶음밥으로 잔치 음식이다. 이러한 음식 문화가 유네스코 인류무형문화유산에 등재되었다(타지키스탄. 2016년).

23 쌀의 품종은 크게 두 가지로 구분한다. 우리가 평소 먹는 쌀은 단립종(짧은 쌀) 자포니카 품종이다. 짧고 통통하며 찰기가 많고 윤기가 흐르는 것이다. 반면 상대적으로 긴 쌀은 장립종 인디카 쌀이다. 동남아시아에서 주로 먹는 쌀로 길고 홀쭉하며 찰기가 적지만 향이 나는 것이 특징이다. 국내에서 흔히 '안남미'라고 부르는 쌀이 바로 인디카 품종이다.

24 중앙아시아 고려인은 함경도에서 이주한 사람들이 많아 음식 이름이 함경도 방언에 뿌리를 두고 있는 게 흔한데, 국시도 함경도 방언에서 온 것으로 추정된다. 강경표 외, 『고려인의 목소리』, 국립민속박물관, 2016, 199쪽.

25 김상욱, 「고려인의 생활문화 연구: 카자흐스탄 고려인사회에 계승되는

263

전통 식문화」,『2019 국립아시아문화전당 방문연구 프로그램 연구보고서』, 아시아문화원, 2019, 395쪽.

26 고려인들 외에도 중앙아시아의 다양한 민족이 뽀그립을 사용한다. 주로 겨우내 감자나 채소들을 저장한다. 와인이 유명한 조지아에서는 와인 셀러도 뽀그립이라고 부른다. 김상욱, 앞의 글, 393쪽.

27 카자흐스탄에서 태어나 고려인 집성촌 모프르 마을에서 자란 고려인 3세 시인이다. 이 스따니슬라브,『모뽀르 마을에 대한 추억』, 인터북스, 2010, 20쪽.

28 Ripley, Derek J. Forgotten Lancashire and Parts of Cheshire&the Wirral, Liverpool: TMB Books, 2012.

4장

1 정은주 외,「쓰레기 TMI」,『한겨레21』, 1374-1375호(통권 5호), 한겨레신문(주), 2021, 16-17, 38-39쪽.

2 후지무라 야스유키,『플러그를 뽑으면 지구가 아름답다』, 장석진 옮김, 북센스, 2011, 200-207쪽.

3 생산자가 생활할 수 있는 정도로 공정한 가격으로 물건을 판매하자는 취지다. 공정무역은 저개발 국가의 농민들에게 가난의 대물림과 임금 노예 상태, 착취로부터 탈출하는 데 기여한 성과도 있지만, 여전히 인증 제도에 대한 비판도 공존한다. 공정무역과 관련해서는 에번 D. G. 프레이저, 앤드루 리마스,『음식의 제국』, 유영훈 옮김, 알에이치코리아, 2012, 356-369쪽 참조.

4 프랑스 물리학자 장 펠티에(1785~1845)가 발견한 물리 현상이다.

5 베트남어로는 냐옹nhà ông이라고 부른다.

6 베트남에서 가장 존경받는 여성 영웅이다. 1세기 중국(후한)에 대항하여 최초의 대규모 저항운동을 일으킨 베트남의 쯩짝Trưng Trắc(徵側)과 쯩니 Trưng Nhị(徵貳) 자매를 말한다.

7 베트남 민속 신앙으로, 일 년간 집 안에 있었던 일을 옥황상제에게 보고하는 임무를 부엌신이 맡는데, 사람들은 부엌신께 잘 보이기 위해서 제사를 지낸다. 제사상과 함께 다양한 제물로 제단을 꾸미는데 잉어를 올리는 것이 흥미롭다. 부엌신이 하늘로 올라갈 때 잉어를 타고 간다고 여기기 때문이다.

8 Patrick Mcallister, Thi Cam Tu Luckman(2015), `The Kitchen God Returns to Heaven (Ong Tao Về Trời): Popular Culture, Social Knowledge and Folk Beliefs in Vietnam', *Journal of Vietnamese Studies*, Vol. 10, Issue 1, pp.110-150.

9　이와 같은 주제를 다룬 독일의 다큐멘터리가 있다. 발렌틴 투른 감독의 「음식물 쓰레기의 불편한 진실Taste the Waste」, 2010.

10　아니마는 런던의 V&A 박물관Victoria and Albert Museum과 뉴욕의 현대미술관 MoMA에서도 소장하고 있다.

에필로그

1　동학의 2대 교주인 해월 최시형은 '만사지식일완萬事知食一碗', 밥 한 그릇을 제대로 알면 만사를 안다고 했다.

2　우리나라도 경기도 수원시에서 공유 냉장고 사업이 운영되고 있다. 다만, 지자체가 주도하는 점에서 시민단체가 직접 운영하는 해외 사례와 차이가 있다.

265

1. 도서

• 국내서

강하라, 심채윤, 『따뜻한 식사』, 껴안음, 2020.

김용욱, 『삐삐용이 몰랐던 식용곤충식』, 범우, 2016.

김덕호, 『세탁기의 배신』, 뿌리와이파리, 2020.

김재민, 『닭고기가 식탁에 오르기까지』, 시대의창, 2014.

김철중, 『내망현』, Mid(엠아이디), 2013.

류지현, 『사람의 부엌』, 낮은산, 2017.

변진경, 『청년 흙밥 보고서』, 들녘, 2018.

봉달호, 『매일 갑니다, 편의점』, 시공사, 2018.

이민희, 응우옌김빈, 『베트남 한 접시』, 산디, 2018.

이영자, 배도식, 『옹기』, 열화당, 2006.

주영하, 『백년식사』, 휴머니스트, 2021.

KBS 〈과학카페〉 냉장고 제작팀, 『미니멀 키친』, 애플북스, 2016.

• 외서

Ripley, Derek J. *Forgotten Lancashire and Parts of Cheshire & the Wirral*, Liverpool: TMB Books, 2012.

• 번역서

도쿠에 지요코, 『식품 보존 방법』, 김선숙 옮김, 성안당, 2016.

되르테 쉬퍼, 『내 생의 마지막 저녁 식사』, 유영미 옮김, 웅진지식하우스, 2010.

리처드 랭엄, 『요리 본능: 불, 요리, 그리고 진화』, 조현욱 옮김, 사이언스북스, 2017.

스티브 존슨, 『우리는 어떻게 여기까지 왔을까』, 강주헌 옮김, 프런티어, 2015.

시마모토 미유키, 『냉장고 정리술』, 서라미 옮김, 중앙북스, 2013.

앨런 맥팔레인, 『손녀딸 릴리에게 주는 편지』, 막시무스 옮김, 랜덤하우스코리아, 2009.

에번 D. G. 프레이저, 앤드루 리마스, 『음식의 제국』, 유영훈 옮김, 알에이치코리아(RHK), 2012.

이 스따니슬라브, 『모쁘르 마을에 대한 추억』, 김병학 옮김, 인터북스, 2010.

조지 리처, 『맥도날드 그리고 맥도날드화』, 김종덕·김보영·허남혁 옮김, 풀빛, 2017.

톰 잭슨, 『냉장고의 탄생』, 김희봉 옮김, Mid(엠아이디), 2016.

헬렌 피빗, 『필요의 탄생』, 서종기 옮김, 푸른숲, 2021.

후지무라 야스유키, 『플러그를 뽑으면 지구가 아름답다』, 장석진 옮김, 북센스, 2011.

2. 연구논문

• 국내

김상욱, 「고려인의 생활문화 연구: 카자흐스탄 고려인사회에 계승되는 전통 식문화」, 『2019 국립아시아문화전당 방문연구 프로그램 연구보고서』, 아시아문화원, 2019.

다니자키 아쯔코, 「현대 한국중산층 주부역할 형성과정에 관한 분석 -6, 70년대 여성잡지를 중심으로-」, 서강대학교 석사학위논문, 2002.

양유진, 「한국 경제성장기 냉장고 광고에 나타난 디자인문화에 관한 연구」, 건국대학교 석사학위논문, 2014.

오유진, 「1인 가구 증가양상 및 혼자식사의 영양, 식행태 분석」, 대한지역사회영양학회 2016 하계 심포지움, 2016.

이은희, 「박정희 시대 콜라전쟁」, 『역사문제연구』 34호, 2015.

이은희, 「1960년대 박정희 정부의 식품위생 제도화」, 『의사학』 제25권 제2호, 2016.

267

이은희, 「박정희 시대 빙과열전」, 『역사비평』 121호, 2017.

정재윤, 「우즈베키스탄 고려인의 음식 문화 연구」, 『재외한인연구』 제35호, 2015.

• 해외

C. Fischler, "Food, Self and Identity," *Social Science Information*, 27(2), 1988.

Patrick Mcallister, Thi Cam Tu Luckman, "The Kitchen God Returns to Heaven (Ong Tao Về Trời): Popular Culture, Social Knowledge and Folk Beliefs in Vietnam", *Journal of Vietnamese Studies*, Vol. 10, Issue 1, 2015.

3. 자료

• 보고서 & 도록

강경표, 이화정, 『러시아 우수리스크 고려인의 목소리』, 국립민속박물관, 2016.

곽소연·심효윤 외, 『냉장고 환상』, 국립아시아문화전당, 2021.

심효윤 외, 『냉장고 프로젝트』, 국립아시아문화전당, 2019.

이주현, 「빙과류 변천사」, 『민속소식』 266호, 2021년 8월호.

이주홍, 손동기, 『한국의 부엌』, 국립민속박물관, 2019.

정은주 외, 「쓰레기 TMI」, 『한겨레21』, 1374-1375호(통권 5호), 한겨레신문(주), 2021.

홍인화, 선봉규, 김나경, 『광주고려인마을 사람들』, 광주광역시립민속박물관, 2019.

• 기관 자료

질병관리본부 질병예방센터, 「우리나라 청소년의 편의식품 섭취 현황: 2017 청소년건강행태조사 결과를 중심으로」, 『주간 건강과 질병』, 11권 41호, 2018.

통계청, 「장래가구추계」, 국가통계포털KOSIS, 2019.

• 옛날 신문·잡지

방정환波影, 〈빙수〉, 《별건곤》, 제14호, 1928년 7월 1일자.

방정환波影生, 〈빙수〉, 《별건곤》, 제22호, 1929년 8월 1일자.

손용화, 〈빙수를 좋아하던 소파〉, 《경향신문》, 1962년 5월 3일자.

이경원, 〈혁명은 부엌으로부터〉, 《동광》, 제29호, 1931년 12월 27일자.
정비석, 〈산호珊瑚의 문門〉14, 《경향신문》, 1962년 7월 15일자.

• **영상자료**

EBS, 〈너무 긴 1분〉, 《지식채널e》, 1849화, 2019년 8월 5일자 방송.
발렌틴 투른, 《음식물 쓰레기의 불편한 진실, Taste the Waste》, 2010.

4. 인터넷

광주광역시 주민등록인구,
https://www.gwangju.go.kr/boardList.do?boardId=BD_0801080100&pageI
    d=www192

1 얼음과 관련된 인류 최초의 기록

연도 기원전 18세기(1800~1701 BCE)

관련 국가 시리아 고대 도시 '마리Mari'

내용 유프라테스 강독에 얼음 창고를 지으라는 명령이 기록된, 왕 짐리-림 Zimri-lim의 점토판이 발굴되었다. 인류 역사상 얼음 창고에 대한 가장 오래된 기록이다.

* 메소포타미아 문명에서는 맥주를 따뜻하게 마셨다.

출처 지식채널e 〈얼음의 역사〉

『냉장고의 탄생』, 19-20p

2 와인과 권력

연도 기원전 15세기(1500~1401 BCE)

관련 국가 이집트

내용 이집트 무덤 벽화에는 단지를 향해 열심히 부채질하는 노예들이 그려져 있다. 단지 속에 든 와인을 차갑게 식히려는 것으로 해석된다. 노예들은 밤이 되면 토기를 밖으로 끌고 가서 토기에 물을 뿌렸다. 토기는 다공질이어서 표면으로 물을 흡수한다. 바람이 불면 벽에 스며들었던 물이 증발하면서 토기 속 와인은 차가워진다.

출처 『냉장고의 탄생』, 22-23p

270

3 고대 중국의 얼음 창고

연도   기원전 11세기~기원전 3세기(1100~201 BCE)

관련 국가   중국 주나라

내용   『시경詩經』에는 "십이월이 되면 얼음을 탕탕 깨어 정월에는 빙고凌陰에 넣
는다네."라는 기록이 있다.

『예기禮記』에는 문벌門閥이 높고 고귀한 집안을 벌빙지가伐氷之家라고 했
다. 주나라 때 장사葬事나 제사에 얼음을 쓸 수 있는 자격은 경대부卿大夫
이상의 집에만 허용되었다. 벌빙지가는 겨울에 얼음을 저장했다가 여름
에 꺼내 쓸 정도로 여유있는 권세가를 의미한다.

출처   지식채널e〈얼음의 역사〉, SERICO 잡동사니 해부학

4 로마인과 와인

연도   고대 로마 시대, 기원전 753년~기원후 476년(753 BCE~476 CE)

관련 국가   고대 로마

내용   고대 로마인들은 산악 지대에서 얼음을 채빙採氷하고 밀짚을 덮어 구덩이
에 보관했다. 얼음을 이용해 와인을 차게 마시거나, 냉탕인 프리기다리움
frigidarium을 차갑게 유지했다. 네로 황제(37~68)도 얼음을 넣은 과일즙
을 즐겼다는 기록이 전해진다. 이는 훗날 소르베sorbet(과일과 얼음의 혼합
물인 디저트)가 된다.

*냉장고를 가리키는 축약어 'fridge'의 어원이 냉탕을 지칭하는 라틴어 프리
기다리움frigidarium에서 유래했다는 설도 있다.

출처   『필요의 탄생』, 22, 301p, 지식채널e〈얼음의 역사〉

5 냉장창고 야크찰

연도   기원전 440년

관련 국가   고대 페르시아

내용   야크찰yakhchal은 '얼음 구덩이'를 뜻하며, 오늘날에도 이란에서는 현대
식 냉장고를 야크찰이라고 부른다. 두꺼운 벽(최대 2미터에 달하는 두께)으
로 둘러싸인 지상의 돔형 구조물과 지하 깊은 곳의 얼음 냉장고로 이루어
져 있다. 보관 중인 얼음이 녹아서 생긴 냉수는 얼음 온도를 유지하는 역
할을 하면서 바닥의 저수 공간에 모여 밤이 되면 다시 얼어붙는다.

출처   『필요의 탄생』, 340-341p, 『냉장고의 탄생』, 32p

271

6   한나라 얼음 창고

연도   기원전 2세기~기원후 2세기(200 BCE~200 CE)

관련 국가   중국 한나라

내용   한나라에서는 얼음을 보관하는 지하창고에 육류를 보관했다. 이후 5세기 북위北魏(386~534년)는 페르시아에 여러 차례 사신을 파견했으며, 사신들은 돌아와서 얼음 사용법에 관한 정보를 전파했다.

출처   『냉장고의 탄생』, 37~38p

7   삼국시대 석빙고

연도   신라시대, 1~6세기(24~514)

관련 국가   대한민국 삼국시대

내용   『삼국유사』에 1세기 신라의 유리왕 때 얼음 창고를 지었다는 기록이, 『삼국사기』는 지증왕 6년(505)에 얼음을 보관하도록 명령했다는 기록이 있다. 석빙고는 공기의 대류현상을 이용했다. 천장에는 굴뚝과 같은 통풍구가 있는데, 따뜻해진 공기가 굴뚝으로 빠져나가도록 고안했다. 바닥에는 얼음 녹은 물이 빠져나갈 수 있도록 경사를 두고 배수로를 만들었다. 내부는 열전도율이 높은 화강암을 사용했고, 외부는 열 차단이 잘되는 흙으로 마감했다.

출처   지식채널e〈얼음의 역사〉, 『미니멀 키친』, 50~54p

8   일본 얼음의 날

연도   고분시대, 4세기(301~400)

관련 국가   일본

내용   닌토쿠 왕仁德王은 아들이 바친 얼음을 보고 나서 얼음에 열광했고, 매년 6월 1일을 얼음의 날로 선포했다. 그날에는 조정의 업무를 중단하고 관료와 병사들이 왕궁으로 가서 얼음을 하사받았다.
*얼음을 바친 이가 아들이 아니라 동생이라는 기록도 있다.

출처   『냉장고의 탄생』, 38p

9   당나라의 얼음 사용, 몽골 유목민의 아이스크림

연도   7세기(601~700)

관련 국가   중국 당나라, 몽골

내용   황제의 명령을 받드는 94명의 얼음 관리관이 있었다. 음료뿐 아니라 과일과 채소도 저장했다. 그중에서도 멜론이 가장 많은 공간을 차지했다고 한다. 또한 발효된 들소 젖, 밀가루, 장뇌를 섞어서 얼린 디저트도 만들었다. 몽골고원의 유목민에게 이 음식을 배웠다. 유목민들은 가축의 창자나 가죽으로 자루를 만들어서 음식을 넣고 다녔는데, 추운 겨울 말을 타고 달리다가 보니 자루에 넣었던 버터기름이 아이스크림으로 변했다고 한다.

출처　『냉장고의 탄생』, 38, 41p

10　빙감氷鑑

연도　10세기~13세기(960~1279)

관련 국가　중국 송나라

내용　송나라에서는 빙감氷鑑 또는 감부鑑缶라는 용기를 썼다. 『주례』에 이 용기에 대한 설명이 기록되어 있는데, 제사에 쓰는 술이나 음식물을 차갑게 보관하는 용도로 사용했다고 한다. 솥과 형태가 비슷하다. 겉은 동으로 만들어졌고 안에 넣을 수 있는 나무 용기가 별도로 있었다. 나무 용기에 음식을 넣고 솥 안에는 얼음을 채워 덮개를 덮어두면 2~3일이 지나도 냉기가 식지 않는다.

출처　『송나라 식탁 기행』, 286-287p

11　메디치 가문과 아이스크림

연도　1580년대

관련 국가　중세 이탈리아 왕국(신성 로마 제국)

내용　토스카나 대공 프란체스코 데 메디치는 아이스크림과 비슷한 얼린 에그노그eggnog(칵테일 일종)를 손수 만들어서 즐겼다고 한다. 그는 비밀스럽게 연금술을 연구했다. 당시 종교재판소는 얼음에 초자연적인 성질이 있다고 보고, 이러한 성질을 이용하는 것은 마녀와 같은 사악한 존재가 부리는 마법이라고 여겼다.

*토스카나는 이탈리아 중부 토스카나 지역에 존재했던 군주국이다.

출처　『냉장고의 탄생』, 46-47p

12　프랜시스 베이컨과 냉장 기술

연도　1561~1626년

관련 국가　영국

내용　'아는 것이 힘이다'라는 명언을 남긴 영국의 근대 철학자이자 정치가 프랜시스 베이컨이 식품의 냉장 보관법을 연구하며 이 분야를 개척했다는 사실은 잘 알려지지 않았다. 그는 얼음 연구를 마법이라는 영역을 뛰어넘어 과학적인 방법으로 접근했다.

273

* "열과 차가움은 자연의 두 손이며, 자연은 이 두 손으로 일한다." – 프랜시스 베이컨, 1624년

출처   『냉장고의 탄생』, 68p

13 17세기 유럽의 얼음 저장고

연도   1660년대

관련 국가   영국, 유럽

내용   영국의 찰스 2세는 런던의 제임스 공원 북부(현재의 그린파크)에 얼음 저장고ice house(snow wells)를 지어, 여름에 왕궁을 찾는 손님에게 얼음을 제공하며 사교계의 유행을 주도했다. 이후 18세기가 되자 얼음 저장고는 유럽 도처에서 왕궁이나 저택, 대농장에서 사용되었다.

출처   『필요의 탄생』, 23p

14 조선시대 석빙고

연도   조선시대(1738~1742)

관련 국가   대한민국

내용   조선시대 1396년(태조 5)에 한양 두 곳에 석빙고를 설치했다는 기록이 있다. 바로 동빙고와 서빙고를 말한다. 현재의 옥수동과 서빙고동이다.

동빙고에는 국가 제사에 쓸 얼음 1만244정丁을 저장했다. 몇 개월씩 지속되는 왕실의 장례를 위해서 시신이 부패하지 않도록 안치해두었던 얼음 창고다. 반면에 서빙고에는 왕과 빈에게 올리거나 대신들에게 나눠줄 얼음을 저장했다. 서빙고에는 얼음 13만4974정을 보관했다고 한다. 얼음 1정이 대략 두께 4치(약 12센티미터), 둘레 6자(약 180센티미터) 정도의 부피였다.

* 현재까지 잘 보존된 석빙고가 있다. 대표적으로 보물 제66호로 지정된 경주 석빙고(1738년/영조 14, 경북 경주시)와 보물 제323호 청도 석빙고(1713년/숙종 39년, 경북 청도군)가 있다.

출처   지식채널e 〈얼음의 역사〉, 『미니멀 키친』, 52p, 문화원형백과 〈한강 생활 문화〉

15 최초의 인공 얼음 개발

연도   1748년

관련 국가   스코틀랜드

내용   윌리엄 컬런이 최초로 인공 냉각 시스템을 만드는 데 성공했다. 아질산에 틸(알코올과 초석, 강한 산을 섞어서 만든 물질)을 진공 상태에서 기화시켜

병에 든 물을 얼음으로 변하게 했다. 의사였던 그는 1746년 글래스고대학에 부임했고, 영국 최초로 화학만 단독으로 강의하는 학자가 되었다. 제자인 조지프 블랙이 그의 계보를 잇는다. 훗날 제자는 스코틀랜드의 과학 영웅이 된다.

출처　　『냉장고의 탄생』, 107–109p

16　얼음 왕 프레더릭 튜더

연도　　1805~1822년

관련 국가　미국

내용　　프레더릭 튜더(1783~1864)는 세계 최초로 저온 유통 체계를 고안한 사업가다. 미국과 노르웨이에서 얼음을 수확해 세계 각지로 수출했다. 마르티니크(카리브해), 인도 뭄바이와 콜카타(옛 캘커타), 쿠바 아바나 등 얼음이 도착하는 항구에 저온 창고를 마련했다. 그는 1805년부터 1822년까지 본인의 사업 이야기를 정리한 『얼음 창고 일기Ice House Diary』를 기록했다.

출처　　『필요의 탄생』, 27, 303p, 『음식의 제국』, 240–242p

17　얼음 수출업체의 탄생

연도　　1840~1860년대

관련 국가　미국, 노르웨이

내용　　1844년 미국 얼음 수출업체 가운데 가장 유명했던 웨넘호 얼음 회사Wenham Lake Ice Company가 영국으로 첫 화물을 발송했다. 이동 거리가 미국 매사추세츠주의 웨넘 호수로부터 런던까지 약 5000킬로미터에 달했다. 1860년대 노르웨이산 얼음은 영국으로 수출되었다. 얼음 수요의 절반가량은 런던이 차지했고, 나머지는 대부분 동부 해안의 북해산 생선을 포장하는 데 쓰였다.

출처　　『필요의 탄생』, 27–29, 304–305p

18　인공 얼음을 만드는 제빙기 발명

연도　　1834년

관련 국가　영국

내용　　미국 발명가인 제이컵 퍼킨스는 런던에서 제빙기를 만들었다. 압축시킨 에테르가 냉각 효과를 내며 증발했다가 다시 응축되는 원리를 이용했다. 오늘날 가정용 냉장고와 작동 원리가 유사하다.

출처　　『냉장고의 탄생』, 226p

19 불운한 얼음 발명가

연도　　1840년대

관련 국가　미국

내용　　내과 의사였던 존 고리(1803~1855)는 환자들의 열을 다스릴 목적으로 제빙기를 만들었으나, 자연법칙과 신의 뜻을 거스른다는 이유로 세간의 비난을 받았다. 당시까지도 얼음을 만드는 것은 전지전능한 신의 영역이었다. 한편 천연 얼음 무역업 관계자들도 조직적으로 그를 모함했다. 결국 그의 기술은 빛을 발하지 못했고, 그는 1855년에 쓸쓸하게 세상을 떠났다.

출처　　『필요의 탄생』, 63, 310p

20 아이스박스형 냉장고

연도　　19세기, 영국 빅토리아 시대

관련 국가　영국, 미국

내용　　장롱이나 나무상자와 같이 생긴 아이스박스다. 경첩과 손잡이는 물론 다리까지 달렸다. 안쪽에는 아연판이나 주석판으로 단열재가 두꺼운 벽이다. 초기에는 나무로 만들었으나 타일이나, 새하얀 마감 소재로 발전했다. 당시에는 아이스박스를 냉장고refrigerator라고 불렀다. 전기를 공급하는 전원 케이블은 없고, 내부에는 얼음덩어리를 넣는 공간이 있다. 얼음 장수에게 정기적으로 얼음을 배달받아 먹거리와 함께 보관했다.

출처　　『필요의 탄생』, 21, 37, 41, 82p, 『냉장고의 탄생』, 218p

21 바닷가재가 처음 열차를 탄 날

연도　　1842년

관련 국가　미국

내용　　뉴잉글랜드에서 살아있는 바닷가재를 시카고행 급행열차로 수송했다. 바닷가재는 클리블랜드에 도착하기 전에 죽었고, 이것을 운반하던 사람들은 바닷가재를 쪄서 얼음 속에 다시 넣고 나머지 여행을 마쳤다.

출처　　『냉장고의 탄생』, 245p

22 런던만국박람회

연도　　1862년

관련 국가　영국

내용　　얼음을 인공적으로 생산하는 두 가지 기계가 전시되었다. 이 기계들은

20세기 냉장고 개발의 역사에 큰 영향을 미쳤다. 첫 번째는 대니얼 시브의 신형 증기 압축식 제빙기New vapour compression ice-making machine인데, 제임스 해리슨의 특허품을 개량했기 때문에 시브-해리슨 제빙기라고도 불렀다. 이 큰 기계는 하루에 10톤까지 얼음을 생산했다. 다음은 프랑스의 페르디낭 카레의 얼음제조기Machine for making ice였다. 기계식 증기기관 대신 열을 이용한 가스 흡수식 순환 구조 방식이었다. 그는 물과 암모니아를 흡수제와 냉매로 활용했다. 이 기기는 한 시간에 200킬로그램에 달하는 얼음을 생산했다. 시브-해리슨 제빙기에 비해 소음이 없는 장점을 가졌다.

출처	『필요의 탄생』, 55-59p

23 냉장고의 아버지

연도	1862년
관련 국가	스코틀랜드, 호주
내용	스코틀랜드의 인쇄공이었던 제임스 해리슨(1816~1893)이 산업용 냉장고를 최초로 개발했다. 활자에 낀 잉크를 제거하기 위해서 에테르 약품을 사용했는데, 작업하다가 손이 시린 증상을 보고, 에테르가 주변의 열을 빼앗아가는 특성을 알게 되었다. 그는 냉매 가스로 에테르를 사용했다. 그는 스코틀랜드에서 호주 시드니로 이주한 뒤부터 냉각 기술을 연구했고, 밀폐순환 냉각 기술과 관련된 다수의 특허를 취득했다. *이후 독일의 공학자 카를 폰 린데(1842~1934)는 냉각 기술의 진전을 이뤘다. 1873년 암모니아를 냉매로 사용하는 압축기를 개량하고, 크기가 작은 산업용 압축 냉장장치를 개발했다.
출처	지식채널e 〈얼음의 역사〉, 『필요의 탄생』, 55-59p, 『냉장고의 탄생』, 228p

24 양고기가 처음으로 배를 탄 날

연도	1870년대
관련 국가	프랑스, 아르헨티나
내용	파라과이호 증기선에 아르헨티나에서 5500마리분의 양고기 싣고 프랑스까지 냉동육을 운반했다. 배에는 암모니아 흡수식 냉각기가 사용되었다. 호주에서도 스트래스레븐호가 냉동기를 장착하고 양고기와 소고기 40톤을 영국 런던까지 운반했다. 1900년에 전 세계를 오가는 냉동화물선은 350여 대에 이르렀고, 1918년 영국이 보유한 수만 230대였다. 에테르 증기 압축식 냉각기를 사용하는 배도 늘어났다.
출처	『필요의 탄생』, 66, 68, 311p

277

25. 뉴질랜드의 리퍼선

연도	1882년
관련 국가	뉴질랜드
내용	냉장 설비를 갖춘 배를 리퍼선이라고 불렀다. 최초로 항해에 성공한 배는 1882년 더니든호로, 도살된 양 4331마리, 새끼 양 598마리, 돼지 22마리, 버터 246배럴, 양의 혀 2226개와 토끼, 꿩, 가금류 등 잡다한 것들을 싣고 운항했다. 항구에서 고기를 얼렸고, 98일 뒤에 런던에 도착할 때까지 언 채로 운송되었다.
출처	『냉장고의 탄생』, 256p

26 소고기가 처음으로 열차를 탄 날

연도	1880~1890년대
관련 국가	영국, 미국
내용	스코틀랜드 애버딘앵거스 소고기가 열차에 실려 런던에 당도했다. 1895년에는 수입산 냉동육이 영국에서 소비되는 육류 중 무려 3분의 1을 차지하게 되었다. 남북전쟁 이후 미국은 1880년대부터 철도로 장거리 운송을 시작했다. 1879년 구스타부스 프랭클린 스위프트는 스위프트-체이스라는 이름의 냉장 열차를 개발했다. 1874년 시카고 정육 업체가 2만 1712마리의 소를 도축했으나, 냉장 열차의 개발 이후 1890년에는 그 숫자가 220만 6185마리로 급증했다.
출처	『필요의 탄생』, 71p, 『음식의 제국』, 242-244p

27 바나나가 처음 배를 탄 날

연도	1901년
관련 국가	영국, 유럽
내용	바나나는 20세기 전까지 유럽에 거의 알려지지 않은 과일이었다. 파이프 사가 냉장 수송선을 운항하기 시작하면서 영국을 시작으로 유럽에 열대 과일을 수출했다.
출처	『필요의 탄생』, 209p

28 열차는 캘리포니아산 과일을 싣고

연도	1906년
관련 국가	미국

내용	1906년에 설립된 퍼시픽 프루트 익스프레스는 미국 과일의 주산지인 캘리포니아의 청과물을 운송했다. PFE 냉장 열차 6000대는 아메리카 대륙을 횡단했는데, 운송 도중에 얼음을 아홉 번 갈아야 했다.
출처	『냉장고의 탄생』, 259p

29 최고급 냉장고

연도	1913년
관련 국가	미국
내용	도멜레DOMELRE(가정용 냉장고Domestic Electric Regrigerator의 약자)사가 아이스박스에 전동식 냉각 장치를 장착한 제품을 개발했다. 가격은 그 무렵 포드사의 모델 T 자동차보다 두 배 이상 비싼 900달러에 달했다.
	*오늘날 환율로 2만3200~2만3500달러, 한화로 약 2700만 원에 해당된다.
출처	『필요의 탄생』, 85, 87p

30 가정용 냉장고의 탄생

연도	1918년
관련 국가	미국
내용	컬비네이터Kelvinator는 1918년에 최초로 온도가 자동 조절되는 가정용 냉장고를 출시했다. 회사명은 열역학 분야에서 큰 업적을 남긴 켈빈 남작에게서 따온 것이다. 전기모터로 작동하는 냉매 압축기를 가정용 기기에 걸맞게 소형화하는 데 성공했다. 증기기관에서 벗어나 전기로 움직이는 가정용 냉장고를 맞이하게 되었다.
출처	『필요의 탄생』, 84, 313p

31 냉동식품의 아버지 버즈아이

연도	1923년
관련 국가	알래스카, 이누이트족
내용	클래런스 버즈아이는 알래스카에서 이누이트족이 물고기를 오랫동안 보관하기 위해서 급속 동결시킨 후 저장하는 법을 보게 된다. 이 방식으로 급속 동결된 물고기는 해동 후에도 신선한 맛을 유지한다는 점을 알았다. 그는 미국으로 돌아가서 냉동 기계와 급속 냉동식품을 개발하였다.
출처	『냉장고의 탄생』, 271-272p, 『우리는 어떻게 여기까지 왔을까』, 87-96p

279

32 냉장고의 상징적 모델이 된 모니터 톱

연도   1927~1939년

관련 국가   미국

내용   1927년부터 제너럴 일렉트릭사가 생산한 모니터 톱Monitor Top 냉장고는 기존 냉장고의 절반 가격(525달러)에 판매되어 냉장고 대중화에 기여했다. 이 냉장고는 철로 제작된 최초의 냉장고로 평가받는다. 이전까지의 냉장고는 가구처럼 나무로 제작되었다. 모니터 톱의 굽은 다리는 그러한 전통의 흔적이다. 'Monitor Top'이라는 이름은 냉장고 본체 윗면에 자리한 동그란 응축 장치(밀폐형 압축기)가 미국 군함 'USS Monitor'의 동그란 포탑처럼 보인다고 해서 붙여졌다. 모니터 톱 냉장고는 1939년까지 생산되었고, 100만 대 이상 판매되었다.

    * 이전 모델들은 수작업으로 제작했기 때문에 연간 40대 정도의 물량만 제작할 수 있었다. 대량 생산 공정을 도입하고 인건비를 절감하면서 제품 가격을 낮추기 위한 노력이 시작되었다.

출처   『필요의 탄생』, 93, 127p, 『미니멀 키친』, 56p

33 냉장고 냉매 프레온가스의 개발

연도   1928년

관련 국가   미국

내용   냉각제로 사용했던 암모니아, 염화메틸 등이 수차례 중독과 사망, 사고를 일으켰다. 이를 보완하고자 토머스 머즐리가 무색무취의 신비한 화합물 프레온(염화불화탄소, CFCs의 일종)을 개발했다. 인체에 독성이 없고 화학적으로 안정성이 뛰어나 이후 약 50년간 냉각제의 완성판으로 인정받으며 각종 스프레이 캔과 냉장고용 냉매로 활용되었다. 하지만 1970년대에 밝혀졌듯이, CFCs는 오존층을 파괴한다고 알려졌다. 결국 각 정부는 1987년 몬트리올 의정서를 채택해 CFCs의 생산 및 사용을 규제했다.

    * 머즐리는 프레온 가스 외에도 유연 휘발유를 개발한 것으로 유명한데, 이 때문에 한 역사가는 그를 "지구 역사상 단일 생명체로서 대기에 가장 큰 영향을 미친 인물" 혹은 "역사상 최초로 전 지구적 환경 공해를 유발한 물질을 만든 과학자"라고 평가했다.

출처   『필요의 탄생』, 268-271, 339-340p

34 빙수 사랑 아이 사랑

연도   1929년

관련 국가   대한민국

내용   근대 잡지인 『별건곤』 1928년 제14호에 빙수에 관한 글이 있다. 저자는 '어린이날'을 제정한 소파 방정환이다. 당시 그는 빙수 마니아로 알려졌다.

"사알-사알 가러서 참말로 눈결가티 가른 고흔 어름을 삽푸떠서 혓바닥우에 가저다 놋키만 하면 씹을 것도 업시 깨물 것도 업시 그냥 그대로 혀도 움즉일 새 업시 스르르 녹아 버리면서 달콤한 향긋한 찬 긔운에 혀끗이 환-해지고 입속이 환-해지고 머리속이 환-해지면서 가슴속 배속 등덜미까지 찬긔운이 돈다. 참말 빙수는 만히씩 떠먹기를 앗겨면서 혀끗에 놋코 녹이거나 빙수물에 혀끗을 담그고 원한 맛에 눈을 스르르 감으면서 깃버하는 유치원 아기들 가티 어리광처가며 먹어야 참맛을 아는 것이다."

출처 「빙수」, 『별건곤』 제14호, 1928년 7월 1일자.

35 가스냉장고와 전기냉장고의 경쟁

연도 1927~1935년
관련 국가 스웨덴
내용 일렉트로룩스Electrolux의 저소음 가스 흡수식 냉장고가 개발되었다. 가스 흡수식 냉장고의 선구 모델로 1927년부터 1935년까지 영국 루턴의 일렉트로룩스 공장에서 생산되었으며 영국 왕실 별장인 샌드링엄 하우스에서 조지 5세가 썼던 제품이기도 하다. 저소음 가스 흡수식 냉장고는 영국에서 한창 인기를 끌었지만 결국 미국식 전기냉장고에 밀려나고 말았다.
출처 『필요의 탄생』, 88-90p

36 세계 최초의 슈퍼마켓

연도 1930년
관련 국가 미국
내용 미국 롱아일랜드의 킹 컬런King Kullen 체인이 1930년에 설립되었다. 냉장 시스템을 활용해서 모든 물건을 '많이 쌓아두고 싸게 팔고', 고객을 위해 '드넓은 주차장'을 제공했다. 슈퍼마켓의 탄생으로 식품 분야와 냉장고의 상호 의존적인 공생 관계가 시작되었다. 이보다 앞선 1915년, 아스토르 마켓Astor Market이 생겼으나, 당시에는 냉장고가 자동차보다 비쌌고 시기적으로 너무 빨랐기 때문에 사업에 성공할 수 없었다.
출처 『냉장고의 탄생』, 263p

37 일본 최초의 냉장고

연도	1930년
관련 국가	일본
내용	시바우라 제작소芝浦製作所(현재 도시바)가 제작한 모델명 'SS-1200'가 일본산 제1호 전기냉장고이다. 일본산 1호 가정용 냉장고로 알려진 시바우라 제작소의 'SS-1200'는 125리터 용량, 167킬로그램 중량 1도어로 전기냉장고로 불렸으며, 현재 일본 근대화산업유산으로 등록되어 도시바 미래과학관에 전시되어 있다.
출처	『냉장고 프로젝트1』, 120p

38 제빙공장

연도	1931년
관련 국가	대한민국
내용	1931년 부산수산조합이 부산에 최초의 제빙공장인 '대한제빙'을 설치했다. 당시 대한제빙은 일본 기업에 의해 만들어졌다. 1945년 해방 이후 일본인이 경영하던 제빙공장을 한국인이 인수하여 운영하기 시작했고, 부산 지역을 중심으로 제빙공장이 확산된 것은 1960년대 초다. 당시 제빙공장은 전국에 59개소나 있었다. 연간 생산량은 21만 톤이었다. 물이 제빙실을 통과하면 48시간 만에 얼음으로 동결되었다. *앞서 1913년 천연 얼음을 만드는 제빙공장으로 '조선천연빙회사', '경성천연빙회사'라는 양대 회사가 설립되었다.
출처	대한늬우스 (1957.06.16) 〈기억해야 할 역사, 원양어업 60년〉,《부산일보》

39 세상이 열광한, 선반을 단 냉장고

연도	1933년
관련 국가	미국
내용	1933년에 출시한 크로슬리Crosley사의 셸바도르Shelvador 냉장고, 냉장고 역사상 최초로 문 안쪽에 선반을 장착했다.
출처	『필요의 탄생』, 185p

40 레이먼드 로위의 냉장고 디자인

연도	1935~1938년
관련 국가	미국

내용	프랑스 출신의 미국 1세대 산업 디자이너 레이먼드 로이는 콜드스폿 냉장고를 재디자인했다. 주방 가전도 세련된 스타일로 진화할 수 있다는 것을 보여줬다. 그는 코카콜라 병과 자판기를 재디자인한 것으로 유명하다.
출처	『필요의 탄생』, 128p

41 실패한 아이디어

연도	1940년대
관련 국가	미국
내용	1940년대 제너럴 일렉트릭사는 회전식 선반을 탑재한 냉장고를 얼마간 생산했다. 회전식 선반은 실제로 유용했지만 냉장고 시장에서 사라지고 말았다. 어린아이들이 선반을 빨리 돌리는 바람에 병이나 단지가 넘어지는 사고가 빈발했기 때문이다.
출처	『필요의 탄생』, 187p

42 냉장트럭의 탄생

연도	1940년대
관련 국가	미국
내용	기술자 프레더릭 매킨리 존스는 서모킹Thermo King사를 설립해서 냉장 트럭 사업에 성공했다. 서모킹사는 현재 냉장 업계의 세계적인 기업이다. 그는 사후에 국가 기술 메달을 받았는데, 이 상을 받은 최초의 아프리계 미국인이다.
출처	『냉장고의 탄생』, 259-261p

43 중국 최초의 냉장고

연도	1956년
관련 국가	중국
내용	베이징설화냉장고공장이라는 회사에서 생산한 설화雪花(Xuehua)라는 냉장고가 중국산 제1호 냉장고다. 당시 의학품 관련 냉동시설을 개발하는 공장에서 가정용 냉장고를 제작했다.

44 인도 최초의 냉장고

연도	1958년
관련 국가	인도

283

내용	영국으로부터 독립(1947년) 이후 10년이 지나 고드레지 그룹은 인도산 제1호 냉장고(Model 9 Refrigerator)를 개발했다. 200리터 정도의 크기로, 외관은 흰색 에나멜 처리를 했다. 제너럴 일렉트릭(GE)사의 냉장고 제작 기술을 제공받았지만, 1962년부터 부품도 자체적으로 생산하기 시작했다.
	*고드레지 그룹은 1897년에 설립된 인도의 대표적인 대형 기업이다.
출처	http://design-theindiastory.com/appliances/godrej-model-9.html

45 국가별 냉장고 보급률

연도	1960년
관련 국가	유럽
내용	1960년 미국과 유럽의 냉장고 보유 가구 통계다.
	– 미국: 97퍼센트
	– 오스트레일리아: 80퍼센트
	– 네덜란드: 50퍼센트
	– 영국: 17퍼센트
	– 벨기에: 3퍼센트
	*대한민국의 1965년까지 1퍼센트도 되지 않았다.
출처	『필요의 탄생』, 149p

46 도축장 개장

연도	1961년
관련 국가	대한민국
내용	서울 마장동에 도축장이 개장했다. 당시 동양 최대의 도살장으로, 하루 8시간에 소 300마리, 돼지 200마리를 도축했으며, 최신 냉동 및 육가공 시설이 도입되었다. 도축장의 제반 설비와 구조는 미국의 공장형 도축장(시카고의 유니언 스톡 야드)을 모델로 삼았다.
	이후 1974년에는 서울 성동구 성내동에 축산물 공판장이 개장했다. 농협이 처음으로 개설한 공판장이다. 냉동보관 시설 등의 설비가 갖춰져 쇠고기, 돼지고기를 공판 가공 판매했다.
출처	한국정책방송원(대한뉴스 제 985호), 〈20세기 서울 도축장의 역사〉,《한국역사연구회》

47 수산센터 개장

연도	1963년
관련 국가	대한민국
내용	1963년 부산항 제1부두에 부산 종합 어시장 수산센터가 개장했다. 연간 10만 톤의 어획물을 처리할 수 있는 어판, 냉동실, 제빙실, 염장탱크 등 종합시설을 갖춘 수산센터였다. 이후 1967년 제주도 성산포에 어업 전진기지가 준공되었고, 1968년에는 인천에 종합어시장이 준공되었다. 1973년 부산에는 당시 동양 최대의 공동 어시장인 부산수산센터(충무동)가 준공되었다. 500톤급 어선 10척이 한꺼번에 들어와서 어획물을 냉동창고로 즉시 운반할 수 있었다.
출처	한국정책방송원 (대한뉴스 제 442호), (대한뉴스 제 655호), (대한뉴스 제 693호), (대한뉴스 제 913호)

48 국내 최초 냉장고

연도	1965년
관련 국가	대한민국
내용	금성사가 국내에서는 최초로 전기냉장고를 출시했다. 일본 히타치사社(HITACHI)와 기술을 제휴해서 출시한 제품이다. '눈표 냉장고(GR-120)'로, G(Gold), R(Refrigerator), 120리터(용량)의 줄임말이다. 총 5만 대를 판매했다. 600가구에 한 집꼴로 보급된 것이다. GR-120 냉장고는 2013년 국가등록문화재 제 560호로 지정되었다. ＊ 산업통상자원부에 따르면, 1968년 대졸 초임 월급이 1만1000원이었고, 냉장고의 출시 가격은 8만600원이었다.
출처	지식채널e 〈얼음의 역사〉 『미니멀 키친』, 56-57p

49(1) 생선백화점 개장

연도	1969년
관련 국가	대한민국
내용	서울 동대문구 용두동에 생선백화점을 개장했다. 당시 최신식 냉동 쇼케이스를 갖춰 하루 80톤의 얼음을 자체 생산 동결하고, 서울 시민이 10일간 먹을 수 있는 1600톤의 냉동된 생산을 저장할 수 있었다.
출처	한국정책방송원(대한뉴스 제 723호), (대한뉴스 제 755호)

285

49(2) 제주도 밀감 냉동시설

연도	1969년
관련 국가	대한민국
내용	제주도 밀감은 장기 보관할 수가 없어서 수확하고 3개월이 지나면 판매가 불가능했다. 대성물산 주식회사에서 서귀포에 맘모스 냉동시설을 설립했다. 밀감을 장기간 저장하여 다량생산에도 적정 가격을 유지하고, 적기에 출하하게 되면서 농가 소득 증대에 도움이 되었다.
출처	한국정책방송원(대한뉴스 제 755호)

50 컨테이너의 여왕

연도	1970년대
관련 국가	미국
내용	냉장 컨테이너 시스템 개발은 '시원함의 여왕The Queen of Cold'으로 알려진 바버라 프랫의 역할이 컸다. 세계적인 해운 업체 머스크에 고용된 바버라는 컨테이너에 거주하면서 실험을 했다. 그녀는 7년 동안 대부분의 시간을 컨테이너에서 지내면서 내부의 습도, 온도, 기류를 감시하고 여러 식품과의 상관관계를 연구했다. 그녀의 연구로 컨테이너 설계 방법과 식품 포장법 등은 오늘날까지 활용되고 있다.
출처	『냉장고의 탄생』, 273-274p

51 원양어업의 발전

연도	1963년~1974년
관련 국가	대한민국
내용	1960년대 3척의 원양어선으로 출발한 대한민국 원양어업은 1970년대가 되자 250여 척으로 증가했다. 남태평양, 북태평양, 인도양, 대서양까지 진출해서 외화를 벌어들였다. 1963년 창업한 고려원양은 창업 10년 만에 어선 143척을 보유한 업계 선두 주자가 되었고, 1971년에는 고려원양 수산물 냉동가공공장이 부산에서 준공되었다. 이로써 바다에서 조업해 오는 수산물의 가공수출이 가능해졌다.
출처	한국정책방송원(대한뉴스 제 820호), (대한뉴스 제 825호), (대한뉴스 제 909호), (대한뉴스 제 969호)

52(1) 냉수기가 달린 냉장고 240리터

연도	1974년

관련 국가　대한민국

내용　금성사가 국내 최초로 냉수기가 부착된 냉장고를 개발했다.

* 모델 번호 GR-2410T 240리터, 투도어형

출처　동아일보(1974-03-13)

52(2) 전자동 냉장고

연도　1974년

관련 국가　대한민국

내용　금성사가 전자동 온도를 조절하는 냉장고 개발했다. 당시까지 냉장고는
외부 온도에 따라 수동으로 온도 조절을 해야 했다.

출처　동아일보(1976-03-27)

52(3) 다목적 미니 냉장고

연도　1974년

관련 국가　대한민국

내용　금성사는 소형 냉장고 콤파를 개발했다. 호텔과 같은 숙소, 병원이나 약
국, 사무실, 독신 아파트, 김치전용냉장고 등에 사용하라는 광고를 했다.

출처　동아일보(1974-07-04)

53(1) 국내 최초 도입 칼라 냉장고

연도　1976년

관련 국가　대한민국

내용　화신전기는 미국 웨스팅하우스사의 모델을 도입해서 국내 최초의 칼라
냉장고를 선보였다.

출처　동아일보(1976-04-27)

53(2) 국내 최초 개발 300리터 대형 빌틴타잎 냉장고

연도　1976년

관련 국가　대한민국

내용　금성사는 국내 최초로 300리터 대형 빌트-인 냉장고를 개발했다. 부엌
공간까지 고려한 냉장고의 개발이었다.

* 대한민국은 1980년대 이후 주거 양식이 아파트 중심으로 재편되기 시
작한다.

54 국내 최초로 냉장고 일본 수출

연도 　 　 1979년

관련 국가 　 대한민국

내용 　 　 대한전선은 1979년 5월 4일, 국내에서 최초로 냉장고를 일본에 수출했
다. 일본에 이어 미국, 중국, 인도네이아로 수출 범위를 넓혔다.

출처 　 　 동아일보(1979-07-13)

55 냉동·냉장 겸용 다목적 냉장고

연도 　 　 1981년

관련 국가 　 대한민국

내용 　 　 삼성전자는 국내 최초로 냉동과 냉장을 겸용으로 사용할 수 있는 다목적
하이콜드 냉장고(SR-210)를 출시했다. 냉동실을 냉장실로, 냉장실을 냉
동실로 바꿔서 사용할 수 있었다.

56 국내 최초의 편의점

연도 　 　 1982년

관련 국가 　 대한민국

내용 　 　 1982년 11월 롯데쇼핑이 서울 중구 신당동 약수시장 앞에 롯데세븐 1호
점을 개점했다. 같은 해 1월 야간통행금지가 해제되면서 가능한 시도
였지만, 2년도 채 못 버티고 폐쇄하고 말았다. 이후 1989년 세븐일레븐
1호점이 국내에 들어왔다. 미국의 사우스랜드사와 제휴하고 기술이 도
입됐다.

57 최초의 김치냉장고

연도 　 　 1984년

관련 국가 　 대한민국

내용 　 　 최초의 김치냉장고는 1984년 금성사가 'GR-063'이라는 모델명으로
출시한 제품이다. 당시까지만 해도 단독주택에 거주하면서 마당에 김장
독을 사용하는 집이 여전히 많았다. 김치냉장고의 이용률은 높지 않았
다. 이후 대중화에 큰 성공을 거둔 것은 1995년 만도기계에서 나온 '딤채
(CFR-052E)' 브랜드였다. 제품 자체의 기능도 우수했지만, 당시 아파트

붐에 힘입어 수요가 폭발적으로 증가했다.

58 대형 할인점의 탄생

연도	1993년
관련 국가	대한민국
내용	1993년 국내 최초의 대형 할인점인 '이마트'가 개점했다. 냉장고가 각 가정에 보급되어, 마트에서 산 물건을 집에서 보관할 수 있는 환경이 조성되었다. 자동차도 대중화되면서 소비자가 마트에서 물건을 사서 직접 운송하는 시대가 도래했다.

*이마트 이전에 외국계 마트로 월마트, 까르푸 등의 대형 할인마트가 국내로 진출했지만, 현지화 전략의 실패로 크게 성공하지 못했다.

59 양문형 냉장고와 점점 커져가는 냉장고

연도	1997년
관련 국가	대한민국
내용	1990년대 말 674리터 크기의 양문형 냉장고가 출시되었다. 이후 10년 동안 600리터급 양문형 냉장고는 시장을 주도했다. 2007년 하반기 600리터급 냉장고가 전체에서 차지한 비중은 74퍼센트에 이르렀고, 2010년 700리터급 냉장고의 비중은 24퍼센트에서 92퍼센트까지 4배 정도 상승했다. 2011년 800리터급 대용량 양문형 냉장고는 3개월 만에 1만 대의 판매 기록을 올렸다.
출처	『미니멀 키친』, 17p

60 적정 기술을 활용한 냉장고 미티쿨

연도	2005년
관련 국가	인도
내용	2001년 인도 구자라트 지역에서 대규모 지진이 발생하면서, 지역 주민들이 재해 복구에 큰 고통을 겪었다. 급수시설과 전기 공급이 끊겼고, 음식물 보관과 공급에 문제가 발생했다. 도예가이자 사업가인 만수크 프라자파티는 진흙을 활용해서 전력이 없어도 상당 기간 음식물을 보관할 수 있는 테라코타 저장고를 만들었다. 선조들이 음식물을 질그릇matka에 보관하던 전통지식에서 착안한 것이다. 그는 이 저장고에 '미티쿨Mitti Cool'이라는 이름을 붙였다. '미티Mitti'는 힌디어로 '토양'이란 뜻이다.

289

61 서민을 위한 냉장고 초투쿨

연도	2010년
관련 국가	인도
내용	인도의 고드레지 그룹이 도시의 빈민층과 시골 주민들을 위해 69달러라는 저렴한 가격(한 달에 1달러 할부 판매)으로 냉장고를 출시했다. 이 냉장고는 냉매가 없는 냉장고이다. 열전기 칩이 내장되어 작은 배터리로 팬을 가동시켜 선선한 온도를 유지시킨다. 일반 냉장고의 절반 수준의 전력량만 사용하며, 이사가 잦은 빈민들을 위해 7.8킬로그램 정도의 가벼운 무게로 만들었다 '초투쿨Chotukool'이란 이름의 냉장고는 출시 첫해에만 10만 개 이상을 판매했다. 힌디어로 '초투chotu'는 작다는 뜻이다. *인도는 현재 전체 가구의 25퍼센트 정도만 냉장고를 보유하고 있다.
출처	https://www.joongang.co.kr/article/25010280 『필요의 탄생』, 175p

62 냉장고 세계시장 점유율

연도	2010년
관련 국가	대한민국
내용	국제적 시장조사 기관인 GFK와 NDF에 따르면 삼성전자가 개발한 양문형 냉장고는 6년 연속 세계 냉장고 시장 점유율 30퍼센트 이상을 차지하며 판매 1위를 기록했다. 2010년 매출 기준 미국 시장 점유율은 삼성과 LG가 58.7퍼센트인 반면 월풀은 8.5퍼센트를 기록했다.
출처	산업통상자원부 블로그

63 대형 컨테이너선

연도	현재
내용	현재 가장 큰 냉동화물선으로 손꼽히는 선박은 총 길이가 축구장 세 개를 합친 것과 같은 333미터에 달하며 길이 13미터짜리 컨테이너를 2000개 이상 적재할 수 있는 크기이다. 19세기 후반 사용했던 르 프리고리피크호는 전체 길이가 64미터로, 냉동 화물을 싣는 공간은 길이 12미터짜리 창고 하나뿐이었다.
출처	『필요의 탄생』, 281, 340p

64 백신 보관용 초저온 냉장고

연도	현재

　대한민국

　코로나 팬데믹의 영향으로 백신 유통의 중요성이 강조되고 있다. 백신의 이송과 보관 과정에서도 냉동기술은 중요하게 쓰인다. 백신의 종류에 따라 보관 온도가 상이하기 때문에 영하 80도부터 영상 10도까지 폭넓은 온도 설정이 필요하다. 이를테면 화이자 백신은 영하 70도의 초저온 상태를 유지해야 하기 때문에 특수 수송 용기에 담고 무진동 화물차로 옮겨야 한다.

냉장고 인류

THE REFRIGERATED HUMANITY

차가움의 연대기

초판인쇄 **2021년 11월 19일**
초판발행 **2021년 11월 26일**

지은이 **심효윤**
기획 **국립아시아문화전당, 아시아문화원**
펴낸이 **강성민**
편집장 **이은혜**
마케팅 **정민호 김도윤**
홍보 **김희숙 함유지 김현지 이소정 이미희 박지원**

펴낸곳 **(주)글항아리** | 출판등록 **2009년 1월 19일 제406-2009-000002호**

주소 **413-120 경기도 파주시 회동길 210**
전자우편 **bookpot@hanmail.net**
전화번호 **031-955-2696(마케팅) 031-955-1936(편집부)**
팩스 **031-955-2557**

ISBN **978-89-6735-972-0 03900**

www.geulhangari.com